POZİTİF GÜCÜN BÜYÜSÜ

Louise L. Hay

KORİDOR YAYINCILIK - 76

ISBN: 978-9444-983-41-9

YAYINEVİ SERTİFİKA NO: 16229

MATBAA SERTİFİKA NO: 29547

Pozitif Gücün Büyüsü

Louise L. Hay

Özgün Adı: ***The Power is Within You***

Yayın yönetmeni: Erdem Boz

Editör: Zübeyde Abat

İngilizceden çeviren: Selim Yeniçeri

Sayfa tasarımı: Bilgin Budun

Baskı: S.E.M Matbaacılık Sezgin Arslan, İstanbul

S.E.M MATBAACILIK SEZGİN ARSLAN

Maltepe Mah. Davutpaşa Cad. Emintaş San. Sit. No: 101/33

Zeytinburnu/İstanbul

Cilt: Umut Matbaacılık, İstanbul

1. baskı: Koridor Yayıncılık, İstanbul 2008

KORİDOR YAYINCILIK

Maltepe Mah. Davutpaşa Cad. MB İş Merkezi

No: 14 Kat: 1 D: 1 Zeytinburnu / İstanbul

Tel.: 0212 – 544 41 41 / 544 66 68 / 544 66 69

Faks.: 0212 – 544 66 70

www.koridoryayincilik.com.tr

info@koridoryayincilik.com.tr

POZİTİF GÜCÜN BÜYÜSÜ

Louise L. Hay

Çeviren:
Selim Yeniçeri

İTHAF

Bu kitabı konferanslarıma katılan herkese, Hay House çalışanlarına, yıllar boyunca bana yazan tüm harika insanlara ve yardımları bu kitap için vazgeçilmez olan Linda Carwin Tomchin'e ithaf ediyorum. Her birinizi ve hepinizi tanırken, kalbim öylesine büyüyüp gelişti ki...

İÇİNDEKİLER

Önsöz 11
Giriş 13

1. KISIM
BİLİNCE ULAŞMAK

1. Bölüm
İçimizdeki Güç 19

2. Bölüm
İçimizdeki Sesi İzlemek 29

3. Bölüm
Sesli Düşünmenin Gücü 41

4. Bölüm
Geçmişle Hesaplaşmak 55

2. KISIM
ENGELLERİ AŞMAK

5. Bölüm
Sizi Bağlayan Engelleri Anlamak 73

6. Bölüm
Duygularınızı Dışavurmak 87

7. Bölüm
Acıyı Yenmek 109

3. KISIM
KENDİNİZİ SEVMEK

8. Bölüm
Kendinizi Nasıl Sevebilirsiniz..................................123

9. Bölüm
İçimizdeki Çocuğu Sevmek 149

10. Bölüm
Büyümek ve Yaşlanmak 163

4. KISIM
İÇSEL BİLGELİĞİNİZE BAŞVURMAK

11. Bölüm
Zenginliği Yaratmak 179

12. Bölüm
Yaratıcılığınızı İfade Etmek 197

13. Bölüm
Olasılıkların Toplamı 213

5. KISIM
GEÇMİŞİ ARKADA BIRAKMAK

14. Bölüm
Değişim ve Geçiş 229

15. Bölüm
Birbirimizi Sevmenin Güvenli
Olduğu Bir Gezegen 239

Sonsöz 255

Ek
Kişisel ve Gezegensel İyileşme
İçin Meditasyonlar 259

ÖNSÖZ

Bu kitapta öğreneceğiniz çok şey var ama hepsini bir seferde özümseyebileceğinizi düşünmeyin. Bazı fikirler hoşunuza gidebilir, bu yüzden işe bildiğiniz yerden başlayın. Eğer aynı fikirde olmadığınız bir şey söylersem, aldırmadan geçin. Bu kitapta hayatınızı iyi yönde değiştirebilecek tek bir fikir bile bulmanız amacıma ulaştığımı düşünmem için yeterli.

Bu kitabı okurken *güç, zeka, sonsuz zihin, yüksek güç, Tanrı, evrensel güç, içsel bilgelik* gibi terimlerle karşılaşacaksınız. Evrende ve aynı zamanda içinizde bulunan güce vereceğiniz isimlerde bir sınırlama olmadığını göstermek için bu terimleri kullandım. Eğer bunlar arasında beğenmediğiniz olursa, size daha uygun olan başka bir terimi kullanabilirsiniz. Geçmişte, bir kitap okurken bana hoş gelmeyen kelimelerin veya isimlerin üzerini çizer, daha hoşuma giden başka bir kelimeyi yazardım. Aynısını siz de yapabilirsiniz.

İki kelimeyi normalde olduğundan farklı yazdığımı da göreceksiniz. *Rahatsızlık* kelimesi, *rahat-sızlık* olarak yazılmıştır ve sizinle veya ortamınızla uyum içinde olmayan şeyler anlamına gelmektedir. AIDS kelimesi ise küçük harflerle – aids – yazılarak kelimenin gücü azaltılmıştır. Bu fikir, ilk olarak Peder Stephan Pieters'dan gelmişti. Hay House'da bu kavrama gerçekten çok değer veriyoruz ve okurlarımızı da bu görüşü ciddiye almaya teşvik ediyoruz.

Bu kitap, *You Can Heal Your Life* (Düşünce Gücüyle Tedavi) adlı kitabın bir uzantısı olarak yazıldı. O kitabı yazdığımdan bu yana uzun zaman geçti ve birçok yeni fikir ortaya çıktı. Bu fikirleri, yıllardır bana yazarak daha fazla bilgi isteyen sizlerle paylaşmak istedim. Kitabı okurken farkında olmanız gereken önemli bir şey, "dışarıda" arıyor olabileceğiniz şeyin gerçekte içinizde ve olumlu yönlerde kullanmanız için hazır olduğudur. Dilerim, bu kitap gerçekte ne kadar güçlü olduğunuzu anlamanız için size yardımcı olur.

GİRİŞ

Ben bir şifacı değilim. Kimseyi iyileştirmiyorum. Kendimi, içsel keşif yolunda bir sıçrama taşı olarak görüyorum. İnsanların kendilerini sevmeyi öğrenerek ne kadar harika olduklarını anlayabilecekleri bir alan yaratmaya çalışıyorum. Hepsi bu. Ben, insanları destekleyen biriyim sadece. İnsanların kendi yaşamlarının kontrolünü ellerine almalarına yardım ediyorum. Kendi güçlerini, *içsel bilgeliklerini* ve güçlü yönlerini keşfetmelerine yardım ediyorum. Yol boyunca engelleri aşmalarına ve böylelikle hangi şartlar altında olursa olsun kendilerini sevmelerine yardımcı oluyorum. Bu, asla sorun yaşamayacağımız anlamına gelmez ama asıl farkı yaratan şey, sorunlara nasıl tepki verdiğimizdir.

Yıllar boyunca bireysel danışmanlık yaptıktan, yüzlerce atölye çalışması gerçekleştirdikten, ülkenin ve dünyanın dört bir yanında yoğun eğitim programları düzenledikten sonra, her sorunu iyileştiren gerçekte tek bir şey olduğunu anladım: *Kendini sevmek!* İnsanlar her geçen gün kendilerini biraz daha sevdikçe, yaşamlarının da daha iyiye gittiğini görmek inanılmaz.

Kendilerini daha iyi hissediyorlar. İstedikleri işlere kavuşuyorlar. İhtiyaç duydukları parayı kazanıyorlar. İlişkileri gelişiyor veya olumsuz ilişkileri sona eriyor ve yerlerine yenileri geliyor. Çözüm son derece basit: *Kendini sevmek!* Beni hayatı çok fazla basite indirgemekle suçlayanlar oldu ama o en basit şeylerin genellikle en fazla etkiyi yarattığını gözlemledim.

Biri yakın zaman önce bana şöyle dedi: "Bana en harika hediyeyi verdiniz; bana kendimi verdiniz!" Birçoğumuz kendimizden saklanıyoruz ve kim olduğumuzu bile bilmiyoruz. Ne hissettiğimizi, ne istediğimizi bilmiyoruz. Hayat, bir içsel keşif yolculuğudur. Bana göre, aydınlanmak içeri yönelmektir ve kendimizi severek, kendimizle ilgilenerek hayatımızı daha iyiye değiştirme yeteneğimizi kullanmaktır. Kişinin kendini sevmesi bencilce bir şey değildir. Kendimizi sevmek, başkalarını da sevebilmemizi sağlar. Bireysel olarak büyük bir sevgi ve mutlulukla yola çıktığımızda, gezegen için gerçekten faydalı olabiliriz.

Bu inanılmaz evreni yaratan güçten sık sık *sevgi* diye söz edilir. *Tanrı, sevgidir.* Sık sık şu ifadeyi duyarız: *Dünyayı döndüren şey sevgidir.* Bu kesinlikle doğrudur. Sevgi, bütün evreni birleştiren şeydir.

Bana göre, sevgi derin bir takdirdir. Kendimizi sevmekten söz ettiğimde, kim olduğumuzla ilgili derin bir takdiri kastediyorum. Kendimizin tüm farklı yönlerini kabul ederiz; küçük tuhaflıklarımızı, utançlarımızı, pek iyi yapamadığımız şeyleri ve tüm harika niteliklerimizi de. Bütün paketi sevgiyle kabul ederiz. Koşulsuz bir şekilde.

Ne yazık ki birçoğumuz kilo vermeden, bir işi bulmadan, maaş zammı almadan veya bir erkek ya da kız arkadaşa sahip olmadan kendimizi sevemiyoruz. Sürekli olarak sevgimize bir şart bağlıyoruz. Ama değişebiliriz. Kendimizi, şimdi olduğumuz gibi sevebiliriz!

Bu gezegende genel anlamda bir sevgi eksikliği var. Bütün gezegeni aids denen bir rahat-sızlık etkisi altına almış durumda ve her geçen gün daha fazla sayıda insan bu yüzden ölüyor. Bu fiziksel sorun, bize engelleri aşma ve ahlak standartlarının, dinsel ve politik farklılıkların ötesine geçme, kalplerimizi birbirimize açma fırsatı veriyor. Bunu ne kadar çoğumuz yapabilirsek, cevapları da o kadar çabuk bulacağız.

Hem bireysel hem de küresel çapta, muazzam bir değişimin ortasındayız. Bu dönemde yaşayan hepimizin bu değişimlerin bir parçası olmayı, değişimi gerçekleştirmeyi ve dünyanın eski düzenini daha sevgi ve barış dolu yeni bir var oluşa geçirmeyi seçtiğimize inanıyorum.

Bugün kendinizi sevmeye istekli değilseniz, o zaman yarın da sevemeyeceksiniz, çünkü bugün bahaneniz her neyse, yarın da bahaneniz o olacak. Belki bundan 20 yıl sonra da aynı bahaneleriniz olacak ve bu yaşam süresinin tamamında bile aynı bahanelere sarılacaksınız. Bugün, hiçbir beklentiye girmeden kendinizi sevebileceğiniz gündür.

Ben burada, birbirimizi güvenle sevebileceğimiz, kimliğimizi kolayca ifade edebildiğimiz, etrafımızdaki insanlar tarafından yargısız ve koşulsuz bir şekilde kabul gördüğümüz bir dünya yaratılmasına yardım etmeye çalışıyorum. Sevgi evde başlar. "Komşunuzu kendiniz gibi sevin." diye ünlü bir deyiş vardır. Ama genellikle "kendiniz gibi" ifadesini unuturuz. Sevgi kendi içimizde başlamadığı sürece, başkasını sevmemiz mümkün değildir. Sevgi, kendimize verebileceğimiz en önemli hediyedir, çünkü kendimizi sevdiğimizde, kendimizi incitmeyiz ve o zaman başkalarını da incitemeyiz. İçsel huzura kavuştuğumuzda savaşlar sona erer, çeteler kurulmaz, teröristler eylem yapmaz, evsizler evsiz kalmaz. Rahat-sızlıklar, kanser, aids, yoksulluk ve açlık ortadan kalkar. Dolayısıyla, bana göre, dünya barışının formülü budur: *Kendi içimizde huzur bulmak.* Barış, anlayış, şefkat, bağışlayıcılık ve en önemlisi, sevgi. Bu değişimleri etkileme gücü kendi içimizdedir.

Sevgi, tıpkı öfke, nefret veya üzüntü gibi, seçebileceğimiz bir şeydir. Sevgiyi *seçebiliriz.* Bu daima kendi içimizdeki bir tercihtir. Hemen şu anda sevgiyi seçmeye başlayalım. Bu, tüm evrende bulunan en güçlü şifadır.

Bu kitapta yer alan ve son beş yıldır konferanslarımın bir parçasını oluşturan bilgi, içsel keşif yolculuğumuzda başka bir sıçrama tahtasıdır; kendiniz hakkında biraz daha bilgili olma ve doğuştan hakkınız olan potansiyeli anlama fırsatı. Kendinizi daha fazla sevme fırsatına sahipsiniz, dolayısıyla inanılmaz bir sevgi evreninin bir parçası olabilirsiniz. Sevgi kalplerimizde ve bize bağlı olarak başlar. Sevginiz, gezegenimizin iyileşmesine katkıda bulunsun.

Louise L. Hay

1. KISIM

BİLİNCE ULAŞMAK

Düşünce ve inanç sistemlerimizi genişlettiğimizde, sevgimiz özgürce akar. Büzüldüğümüzde, kendimizi kapatırız.

1. BÖLÜM

İÇİMİZDEKİ GÜÇ

İçinizdeki güce ne kadar bağlanırsanız, hayatınızın tüm alanlarında o kadar özgür olabilirsiniz.

Kimsiniz? Neden buradasınız? Hayat hakkındaki inançlarınız nedir? Binlerce yıldır, bu sorulara cevap bulmak "içe yönelmek" anlamına geliyor. Peki, bu ne demek?

Hepimizin içinde, bizi doğruca mükemmel sağlığa, mükemmel ilişkilere, mükemmel mesleklere her türlü zenginliğe kavuşturabilecek bir *güç* olduğuna inanıyorum. Bu şeylere sahip olmak için, öncelikle mümkün olduklarına inanmamız gerekir. Sonra, hayatımızda olumsuz koşullara neden olan eski kalıplardan kurtulmaya istekli olmalıyız. Bunu, içimize yönelerek ve bizim için en iyisini bilen *içimizdeki gücü* uyandırarak yapabiliriz. Eğer yaşantımızı, içimizdeki bu daha büyük, bizi seven ve varlığımızı sürdüren güce teslim etmeyi istersek, daha sevgi dolu mutlu bir yaşam yaratabiliriz.

Zihinlerimizin daima bağlı olduğu bir *tek sonsuz zihin* olduğuna, dolayısıyla bütün bilgi ve bilgeliğin her zaman için kullanımımıza açık olduğuna inanıyorum. Bizi yaratan bu sonsuz zihin, bu *evrensel güce*, içimizdeki ışıkla, *yüksek benliğimiz* ile veya içimizdeki *güç* ile bağlıyız. *Evrensel güç* yarattığı her şeyi sever. İyiliğin gücüdür ve hayatlarımızdaki her şeyi yönetir. Nefret etmeyi, yalan söylemeyi veya cezalandırmayı bilmez. O saf sevgi, özgürlük, anlayış ve şefkattir. Hayatlarımızı yüksek benliğimize teslim etmemiz önemlidir, çünkü onun sayesinde iyiliğe ulaşırız.

Bu gücü her şekilde kullanma tercihine sahip olduğumuzu anlamalıyız. Geçmişte yaşamayı, geçmişteki olumsuz durumları ve şartları sürdürmeyi seçtiğimiz sürece, bulunduğumuz yere saplanıp kalırız. Geçmişin kurbanları olmamak ve kendimiz için yeni yaşamlar yaratmak konusunda bilinçli bir karar verirsek, içimizdeki bu güç tarafından destekleniriz ve yeni, daha mutlu deneyimler yaşamaya başlarız. Ben iki gücün varlığına inanmıyorum. Sadece tek sonsuz ruh var. "Şeytan" ya da *onlar* olduğunu iddia etmek kolaydır. Ama gerçekte sadece biz varız veya bu gücü akıllıca kullanır ya da kendimize zarar veririz. Kalbimizde kötülük mü var? Başkalarını bizden farklı oldukları için yargılıyor ve lanetliyor muyuz? Neyi seçiyoruz?

Suçlamaya Karşı Sorumluluk

İyi ya da kötü, yaşamlarımızdaki tüm yaratıma, düşüncelerimiz ve duygu kalıplarımızla da katkıda bulunduğumuza inanıyorum. Düşüncelerimiz duygularımızı yaratır ve hayatımızı bu duygu ve inançlara uygun olarak yaşamaya başlarız. Bu, hayatımızda *ters giden* şeyler için kendimizi suçlamak değildir. Ama başımıza gelenler için sorumluluk almakla, başkalarını veya kendimizi suçlamak arasında bir fark vardır.

Sorumluluktan söz ettiğimde, gerçekten güce sahip olmayı kastediyorum. Suçlamak, kişinin kendi gücünden vazgeçmesi demektir. Sorumluluk, bize hayatlarımızda değişim yaratma gücü verir. Kurban rolünü oynarsak, kendi gücümüzü çaresiz olmak için kullanırız. Sorumluluk kabul etmeyi seçersek, başkalarını veya *dışarıdaki* bir şeyi suçlayarak zaman kaybetmeyiz. Bazı insanlar hastalık, yoksulluk veya sorun yarattıkları için kendilerini suçlarlar. Sorumluluğu suçluluk duygusu olarak yorumlamayı seçerler. (Bazı basın üyeleri, buna *Yeni Çağ Suçluluğu* adını vermektedir.) Bu insanlar kendilerini suçlu hissederler, çünkü bir şekilde başarısız olduklarına, yanlış yaptıklarına inanırlar. Ne var ki genellikle her şeyi o ya da bu şekilde suç gibi kabul ederler, çünkü bu da kendilerini haksız çıkarmanın farklı bir yoludur. Sözünü ettiğim şey bu değil.

Eğer sorunlarımızı ve hastalıklarımızı, hayatlarımızı nasıl değiştirebileceğimizi düşünmek için fırsat olarak kabul edersek, gücümüz var demektir. Felaket denebilecek türde hastalıklardan kurtulmayı başaran herkes, bunun başlarına gelen en harika şey olduğunu, çünkü hayatlarını farklı yaşamak için bir fırsat bulduklarını söylerler. Diğer yandan, birçok kişi, şöyle der: "Vah benim dertli başım. Lütfen, doktor, beni iyileştir." Bence bu insanlar ne yakalandıkları hastalıktan kurtulmak isterler ne de sorunlarını çözebilirler.

Sorumluluk, bir duruma tepki verme becerimizdir. Daima bir tercihimiz vardır. Bu, kim olduğumuzu ve hayatımızda nelere sahip olduğumuzu inkar etmek demek değildir. Sadece, kim olduğumuza katkıda bulunduğumuzu kabul etmek anlamına gelir. Sorumluluk alarak, değişme gücüne sahip oluruz. Şöyle diyebiliriz: "Bu farkı yaratmak için ne yapabilirim?" Hepimizin *daima* kişisel güce sahip olduğumuzu anlamamız gerekir. Asıl mesele, o gücü nasıl kullandığımızdır.

✣ ✣ ✣

Birçoğumuz, sorunlu ailelerden geldiğimizi anlamaya başlıyoruz. Kimliğimiz ve hayatla ilişkimiz hakkında bir sürü olumsuz duygu taşıyoruz. Kendi çocukluğum şiddetle ve cinsel tacizle geçti. Sevgiye ve şefkate açtım ve hiç özgüvenim yoktu. 15 yaşındayken evden ayrıldıktan sonra bile, çeşitli şekillerde tacizlerle karşılaşmaya devam ettim. Hayatımın başlarında kazandığım düşünce ve duygu kalıplarımın bu tacizleri üzerime çektiğini kesinlikle anlamıyordum.

Çocuklar genellikle etraflarındaki yetişkinlerin zihinsel atmosferlerine cevap verirler. Dolayısıyla, erken yaşlarda korku ve tacizi öğrenerek, ilerleyen yaşlarımda kendim için bu deneyimleri yeniden yaratmaya devam ettim. Bütün bunları değiştirme gücüne sahip olduğumu bir türlü anlayamıyordum. Kendime karşı kesinlikle çok acımasızdım, çünkü sevgi ve şefkat eksikliğinin, kötü bir kişi olduğumun göstergesi sanıyordum.

Hayatınız boyunca şimdiye kadar deneyimlediğiniz tüm olaylar, geçmişten kaynaklanan kendi düşünceleriniz ve duygularınız tarafından yaratıldı. Geçmişe utançla bakmayalım. Geçmişe, hayatımızdaki zenginliğin ve bolluğun bir parçası olarak bakalım. O zenginlik ve bolluk olmadan, bugün burada olamazdık. Daha iyisini yapamadığınız için kendinizi hırpalamanın anlamı yok. Bildiğiniz ve elinizden geldiği kadarıyla en iyisini yaptınız. Geçmişinizi sevgiyle serbest bırakın ve sizi bu yeni farkındalığa taşıdığı için minnet duyun.

Geçmiş sadece zihinlerimizde vardır ve zihinlerimizde geçmişe nasıl baktığımız önemlidir. İçinde yaşadığımız an, *şimdidir*. Hissettiğimiz an, *şimdidir*. Deneyimlediğimiz an, *şimdidir*. Şu anda yaptığımız şey, yarın için zemin hazırlamaktır. Kararlarımızı verdiğimiz an, *şimdidir*. Yarında bir şey yapamayız ve geçmişte de yapabileceğimiz bir şey kalmamıştır. Bir şeyleri sadece bugün yapabiliriz. Asıl önemli olan, şu anda ne düşünmeyi, neye inanmayı ve ne söylemeyi seçtiğimizdir.

Düşüncelerimizin ve sözlerimizin bilinçli kontrolünü ele aldığımızda, kullanabileceğimiz araçlar kazanırız. Bunun kulağa çok basit geldiğini biliyorum ama unutmayın, güç noktası daima *şimdidedir*.

✣ ✣ ✣

Kontrolün zihninizde olmadığını anlamanız önemlidir. Zihninizin kontrolü sizdedir. Kontrol, yüksek benliğinizdedir. O eski düşüncelerden kurtulabilirsiniz. Eski düşünce tarzınız geri dönmeye çalıştığında ve "Değişmek çok zor," dediğinde, zihinsel kumandayı ele alın. Zihninize şunu söyleyin: "Artık değişim yaratmanın benim için kolaylaştığına inanmayı seçiyorum." Bu sohbeti zihninizde tekrarlayabilir, böylece zihninizin kontrolün sizde olduğunu ve söylediklerinizde ciddi olduğunuzu kabullenmesini sağlayabilirsiniz.

Düşüncelerinizin su damlaları gibi olduğunu düşünün. Bir düşünce veya bir su damlasının pek fazla anlamı olmaz. Ama düşünceleri tekrarladıkça, önce halının üzerinde bir leke fark edersiniz, sonra küçük bir su birikintisi oluşur, bir göle dönüşür ve bu düşünceler devam ettiğinde, zaman içinde bir okyanusa dönüşebilir. Ne tür bir okyanus yaratıyorsunuz? Kirli, zehirli, yüzmeye uygun olmayan bir okyanus mu, yoksa son derece temiz, masmavi ve sizi ferahlatıcı suların tadını çıkarmaya davet eden bir okyanus mu?

İnsanlar sık sık bana şöyle der: "Bir düşünceyi durduramıyorum." Cevabım daima şudur: "Evet, durdurabilirsin." Olumlu bir düşünceyi düşünmeyi kaç kez reddettiğinizi hatırlayın. Zihninize, yapacağınız şeyin bu olduğunu söyleyin. Zihninizin olumsuz düşünceyi durdurmasını sağlamak zorundasınız. Bir şeyleri değiştirmek istediğinizde düşüncelerinizle savaşmanız gerektiğini söylemiyorum. Olumsuz düşünceler geldiğinde sadece şöyle diyebilirsiniz: "Paylaştığın için teşekkürler." Bu şekilde, orada olanı inkar etmeden, olumsuz düşüncenin gücünü bir kenara atmış olursunuz. Kendinize, artık olumsuzluğa teslim olmayacağınızı söyleyin. İstediğiniz şey, başka bir düşünce tarzı yaratmaktır. Yine, düşüncelerinizle savaşmanıza gerek yok. Kabullenin ve ötesine geçin. Yaşam okyanusunda yüzebilecekken, kendi olumsuzluğunuzun denizinde boğulmayın.

✣ ✣ ✣

Siz, yaşamın harika, sevgi dolu bir ifadesi olmak üzere yaratıldınız. Yaşam kendinizi ona açmanızı bekliyor; sizi bekleyen güzelliklere kendinizi layık hissetmenizi bekliyor. Evrenin bilgeliği ve zekası, onu kullanmanız için bekliyor. Yaşam sizi desteklemek için burada. İçinizdeki gücün ihtiyacınız olduğu her seferinde yanınızda olacağına güvenin.

Korktuğunuzda, nefesinizin bedeninize giriş çıkışını hissetmeniz yararlı olacaktır. Hayatınızın en değerli maddesi olan nefesiniz, size bedava veriliyor. Yaşadığınız sürece size yetecek kadar hava var. Bu en değerli maddeyi hiç düşünmeden kabulleniyorsunuz ama hayatın diğer ihtiyaçlarınızı karşılayabileceğine inanmıyorsunuz. Artık kendi gücünüzü ve neler yapabileceğinizi öğrenmenin zamanı geldi. Kendi içinize yönelin ve kim olduğunuzu keşfedin.

✣ ✣ ✣

Hepimizin farklı görüşleri var. Sizin kendi görüşlerinizi taşımaya, benim de kendi görüşlerimi taşımaya hakkımız var. Dünyada neler olursa olsun, üzerinde çalışabileceğiniz tek şey, sizin için doğru olandır. İçsel rehberliğinizle bağlantı kurmanız gerekir, çünkü sizin için cevapları verecek olan bilgelik kendi içinizdedir. Arkadaşlarınız ve dostlarınız size ne yapmanız gerektiğini söylerken, kendi sesinizi dinlemeniz kolay değildir. Yine de, hayatınız boyunca soracağınız tüm soruların cevapları, kendi içinizdedir.

"Bilmiyorum," dediğiniz her seferinde, kendi *içsel bilgeliğinize* açılan kapıyı kapatırsınız. Yüksek benliğinizden aldığınız cevaplar olumlu ve destekleyicidir. Olumsuz mesajlar almaya başlarsanız, ego, insan zihni ve hayal gücü seviyesinden hareket ediyorsunuz demektir ama sık sık, kendi hayal gücümüz ve rüyalarımız sayesinde olumlu mesajlar da alırız.

Kendiniz için doğru seçimleri yaparak kendinizi destekleyin. Kuşkuya düştüğünüzde, kendinize şöyle sorun: "*Bu kararı severek mi verdim? Benim için şimdi doğru olan şey bu mu?*" Bir gün, bir hafta veya bir ay sonra farklı bir karar da verebilirsiniz. Ama kendinize bu soruları her an sorun.

✣ ✣ ✣

Kendimizi sevmeyi ve *yüksek güce* güvenmeyi öğrenirken, sevgi dolu bir dünyada *sonsuz ruh* ile yaratımın ortakları haline geliriz. Kendimize duyduğumuz sevgi, bizi kurban olmaktan çıkarıp kazanan olmaya götürür. Kendimize duyduğumuz sevgi, harika deneyimler yaşamamızı sağlar. Kendilerini iyi hisseden insanların doğal bir çekiciliğe sahip olduğunu hiç fark ettiniz mi? Genellikle kendilerini harika gösteren bir şey vardır. Hayatlarıyla mutludurlar. Her şey onlara çabasız ve kolay gelir.

Uzun bir süre önce, Tanrı'nın varlığı ve gücüyle yek vücut olduğumu anlamaya başladım. Tanrı'nın bilgelik ve anlayışının içimde var olduğunu, dolayısıyla gezegendeki diğer tüm varlıklarla ilişkilerimde ilahi bir rehberlik aldığımı anladım. Tıpkı tüm yıldızlar ve gezegenlerin yörüngesel dengelerinin mükemmel bir şekilde sürmesi gibi, ben de ilahi düzenin bir parçasıyım. Sınırlı olanaklara sahip insan zihnimle her şeyi anlamayabilirim ama kozmik seviyede, doğru yerde, doğru zamanda olduğumu ve doğru şeyi yaptığımı biliyorum. Mevcut deneyimim, yeni farkındalık seviyeleri ve yeni fırsatlar için sıçrama tahtalarından başka bir şey değil.

Siz kimsiniz? Buraya neler öğrenmeye geldiniz? Buraya neler öğretmeye geldiniz? Hepimizin özgün bir amacı var. Hepimiz kişiliklerimizden, sorunlarımızdan, korkularımızdan ve hastalıklarımızdan fazlasıyız. Bedenlerimizden çok ötedeyiz. Hepimiz gezegendeki herkesle ve tüm yaşamla bağlantıdayız. Hepimiz ruh, ışık, enerji, titreşim ve sevgiyiz; hepimiz hayatlarımızı anlamlı ve amaçlı bir şekilde yaşama gücüne sahibiz.

2. BÖLÜM

İÇİMİZDEKİ SESİ İZLEMEK

Peşinden gittiğimiz düşünceler, yaşam tablolarımızı renklendirmek için kullandığımız malzemelerdir.

Düşünce tarzımı değiştirmeye istekli olduğum takdirde hayatımı da değiştirebileceğimi ilk kez duyduğum zamanı hatırlıyorum. Bu bana gerçekten de devrimsel bir fikir gibi gelmişti. New York'ta yaşıyordum ve Dinsel Bilim Kilisesi'ni keşfetmiştim. (İnsanlar, Ernest Holmes tarafından kurulan Dinsel Bilim Kilisesi'ni veya Zihin Bilimi'ni, Mary Baker Eddy tarafından kurulan Hıristiyan Bilim Kilisesi ile sık sık karıştırırlar. İkisi de "yeni düşünce" sistemini yansıtmaktadır ama felsefeleri farklıdır.)

Zihin Bilimi'nin Dinsel Bilim Kilisesi'nin öğretilerini devam ettiren rahipleri ve pratisyenleri vardır. Onlar, bana düşüncelerimin geleceğimi biçimlendirebileceğini ilk öğreten insanlardı. Ne demek istediklerini anlamasam bile, bu kavram içimde adına "içsel çan" dediğim bir şeyi çalmıştı; bu, sık sık "içsel ses" olarak anılan sezginin yeriydi. Yıllar boyunca onu izlemeyi öğrendim, çünkü o çan ne zaman çalsa, kulağa delice bir tercih gibi gelse bile, benim için doğru olanın o olduğunu bilirim.

Bu kavramlar içimde belli bir şeyi uyandırdı. Bir şey, "Evet, haklılar," diyordu. Böylece, düşüncelerimi değiştirmeyi öğrenme macerama başladım. Fikri bir kez kabul ettiğimde, nasıl olacağı kendiliğinden geldi. Bir sürü kitap okudum ve evim birçoğunuzunki gibi ruhsal ve kişisel gelişim kitaplarıyla doldu. Yıllar boyunca derslere katıldım ve konuyla ilgili bulabildiğim her şeyi araştırdım. Kendimi tam anlamıyla bu "yeni düşünce" felsefesine kaptırdım. İlk kez hayatımı inceliyordum. O zamana kadar hiçbir şeye inanmamıştım. Annem ibadetlerini yerine getirmeyen bir Katolik, üvey babam ise ateistti. Hıristiyanların ceza çekmeye razı olmadıkları takdirde aslanlar tarafından yendiğine dair tuhaf bir fikre kapılmıştım ve iki seçenek de bana çekici gelmiyordu.

Zihin Bilimi'ne gerçekten kapılmıştım, çünkü o dönemde benim için açık olan tek yoldu ve gerçekten bayılmıştım. Başlangıçta biraz kolay gelmişti. Birkaç kavramı çok iyi idrak etmiştim ve biraz farklı bir şekilde düşünüp konuşmaya başlamıştım. O dönemlerde her şeyden yakınırdım ve sürekli kendime acırdım. Çamurda yuvarlanmaktan hoşlanır gibiydim. Bunu yaparken, kendime acımama devam etmeme neden olacak daha fazla deneyimlere atıldığımı bilmiyordum. Ama sonuçta, o günlerde pek de akıllı sayılmazdım. Zaman içinde, eskisi kadar şikayet etmediğimi fark ettim.

✣ ✣ ✣

Söylediğim şeyleri dinlemeye başlamıştım. Kendime yönelttiğim eleştirilerin farkına varmıştım ve bundan vazgeçmeye çalışıyordum. Ne anlama geldiklerini pek de anlamadan, onaylayıcı içsel konuşmalar geliştiriyordum. Elbette ki kolay olanlarla başlamıştım ve birkaç küçük değişikliği gözlemliyordum. Yeşil ışıkları ve boş park alanlarını hemen görüyordum ve açıkçası, çok çekici bir kadın olduğumu hissediyordum. Vay canına! Her şeyi bildiğimi sanıyordum ve çok geçmeden inançlarımda kibirli ve dogmatik bir hale gelmiştim. Bütün cevapları bildiğime inanıyordum. Ama işin gerçeği, bu duygularım bu yeni alanda kendimi güvende hissetme şeklimdi.

Eski katı inançlarımızdan uzaklaşmaya başladığımızda, özellikle daha önce kontrol tam anlamıyla bizim elimizdeyse, durum bize bir hayli korkutucu gelebilir. Benim için öyleydi ve kendimi güvende hissettirecek her şeye hemen sarılıyordum. Bu benim için bir başlangıçtı ve hâlâ gidecek uzun bir yolum vardı. Hâlâ da var.

Çoğumuz gibi, onaylayıcı ifadeler her zaman işe yaramadığı ve nedenini bir türlü anlayamadığım için, geçişleri bulmak benim için her zaman kolay olmuyordu. Kendime şöyle soruyordum: "Yanlış yaptığım şey ne?"

Hemen kendimi suçluyordum. Bu da yeterince iyi olmadığımı gösteren başka bir örnek miydi? Eski inançlarım arasında en sevdiğim buydu.

O dönemdeki öğretmenim Eric Pace, bana bakar ve *kırgınlık* fikrine değinirdi. Neden söz ettiği hakkında en küçük bir fikrim bile yoktu. Kırgınlık mı? Ben mi? Elbette ki kırgınlığım filan yoktu. Sonuçta, kendi yolumda ilerliyordum ve ruhsal açıdan mükemmeldim. O zamanlar kendimi ne kadar az görebiliyormuşum!

✣ ✣ ✣

Hayatımda elimden gelenin en iyisini yapmaya devam ettim. Metafiziği, ruhsallığı inceledim ve kendim hakkında olabildiğince çok şey öğrenmeye çalıştım. Elimden geleni kavramaya çalıştım ve bazen de uygulayabildim. Sık sık bir sürü şey duyarız ve bazen onları anlarız ama her zaman uygulamayız. Zaman çok hızlı akıyor gibi görünüyordu ve o noktada, yaklaşık üç yıldır Zihin Bilimi üzerinde çalışıyordum ve Kilise'nin pratisyenlerinden biri olmuştum. Felsefeyi öğretmeye başlamıştım ama öğrencilerimin bir şey öğrenip öğrenmediği konusunda tereddütlüydüm. Sorunlarına neden bu kadar takıldıklarını anlamıyordum. Onlara bir sürü tavsiyelerde bulunuyordum. Neden o tavsiyeleri izleyip hayatlarını iyiye götürmüyorlardı? Ama doğru olanı yapmak yerine, sadece neyin doğru olduğunu söylediğim hiç aklıma gelmiyordu. Tıpkı, çocuğuna bir şeyi yapmamasını söyleyip ardından kendisi tersini yapan bir ebeveyn gibiydim.

Bir gün, durup dururken, rahim kanserine yakalandığım teşhisi kondu. Önce paniğe kapıldım. Sonra, öğrendiğim bu şeylerin doğru olup olmadığı konusunda şüphelenmeye başladım. Bu normal ve doğal bir tepkiydi. Şöyle düşündüm: "Eğer net ve odaklanmış olsaydım, bu hastalığı yaratma ihtiyacım olmazdı." İçten içe, teşhis konduğunda, ölene kadar bilmeyeceğim gizli bir sır olmasındansa, ortaya çıkarak bana bu konuda bir şeyler yapma fırsatı verdiği için hastalığın yüzeye çıkması konusunda kendime güveniyordum.

O dönemde, artık kendimden saklanmama izin vermeyecek kadar çok şey biliyordum. Kanserin, vücudu kemirmeye başlayana kadar uzun süre içeride tutulan kırgınlıktan kaynaklanan bir rahat-sızlık olduğunu biliyordum. Eğer hayatım boyunca bir şeyleri biriktirerek ve görmezden gelerek yaşadıysam, zaman içinde vücudumun bir yerinde kendilerini ifade edeceklerdi.

Öğretmenimin birçok kez sözünü ettiği kırgınlığımın, çocukken uğradığım fiziksel, duygusal ve cinsel tacizlerden kaynaklandığını giderek anlamaya başladım. Doğal bir şekilde kırgın olacaktım. Geçmişle ilgili öfkeliydim ve bağışlayamıyordum. Değişmeye uğraşmamış, o öfkeyi salıverip geçmişte bırakmayı denememiştim. Evden ayrıldığımda, başıma gelenleri unutmak için yapabildiğim tek şey o olmuştu; gerçekte sadece içime gömerken, ben geride bıraktığımı sanmıştım.

Metafiziksel yolumu bulduğumda, duygularımın üzerini güzel bir ruhsallık tabakasıyla örtmüş ve içimdeki çöpü saklamıştım. Etrafımda kendimi duygularımdan soyutlamamı sağlayan bir duvar örmüştüm. Kim veya nerede olduğumu bilmiyordum. Teşhisim konduktan sonra, kendimi tanımak yönündeki gerçek içsel çalışmam başladı. Tanrı'ya şükür, kullanacak araçlarım vardı. Kalıcı bir değişiklik yaratacaksam, kendi içime yönelmem gerektiğini biliyordum. Evet, doktor beni ameliyat edebilir ve bir süre için hastalığımı iyileştirebilirdi ama düşüncelerimi ve sözlerimi kullanma tarzımı değiştirmezsem, muhtemelen daha sonra hastalığı yeniden yaratacaktım.

Vücudumuzda kanseri koyduğumuz yer bana daima ilginç gelmiştir; tümörün vücudun hangi tarafında olduğu (sağ veya sol). Sağ taraf, dışarı verdiğimiz eril tarafı temsil eder. Sol taraf, dışarıdan aldığımız, alıcı taraf olan dişil yönümüzdür. Neredeyse bütün hayatım boyunca, ne zaman bir şey ters gitse, daima vücudumun sağ tarafında oluyordu. Üvey babama karşı tüm kırgınlığımı biriktirdiğim yer orasıydı.

✣ ✣ ✣

Artık yeşil ışıklar ve park yerleri beni tatmin etmiyordu. Çok ama çok daha derine inmem gerektiğini biliyordum. Hayatımda istediğim şekilde ilerlemediğimi, çünkü çocukluğumdan kalan çöpü tam olarak temizlemediğimi ve öğrettiğim şeyi kendim yaşamadığımı anlıyordum. İçimdeki çocuğu kabul etmeli ve onunla çalışmalıydım. İçimdeki çocuğun yardıma ihtiyacı vardı, çünkü hâlâ çok acı çekiyordu.

Çabucak bir içsel şifa programına başladım. Tamamen kendime odaklanmıştım ve başka bir şeyle ilgilenmiyordum. Kesinlikle iyileşmeye kararlıydım. Yaptığım şeylerin bazıları tuhaftı ama yine de yaptım. Sonuçta, söz konusu olan şey hayatımdı. Sonraki altı ay boyunca bu, neredeyse günde 24 saatlik bir işe dönüştü. Kanser için alternatif şifa yöntemleriyle ilgili bulabildiğim her şeyi okumaya başladım, çünkü yapılabileceğine kesinlikle inanıyordum. Yıllardır yediğim kötü yiyecekleri vücudumdan temizleyebilmek için besinsel bir arındırma programına başladım. Aylar boyunca kuşkonmaz püresi ve yeşillik yedim. Başka şeyler de yediğimi hatırlıyorum elbette ama en çok aklımda kalanlar bunlar oldu.

Zihin Bilimi pratisyeni ve öğretmenim Eric Pace ile çalışıyor, kanserin geri dönmemesi için zihinsel kalıpları temizlemeye uğraşıyorduk. Onaylayıcı sözler yerleştiriyor, zihinsel canlandırmalar yapıyor, ruhsal zihin yöntemleri kullanıyordum. Ayna karşısında her gün seanslar yapıyordum. Söylemesi en zor sözler, "Seni seviyorum, seni gerçekten seviyorum" idi. Bunu başarmak için çok fazla gözyaşı döktüm ve çok fazla nefes egzersizi yaptım. Ama başardığımda, dev bir sıçrama gerçekleştirmiştim. İnsanların öfkelerini ifade ederek serbest bırakmalarına yardımcı olan iyi bir psikoterapiste gittim. Yastıkları döverek ve bağırıp çağırarak saatler geçirdim. Harikaydı. Kendimi çok iyi hissetmiştim, çünkü hayatım boyunca bunu yapma iznim hiç olmamıştı.

Hangi yöntemin işe yaradığını bilmiyorum; belki de hepsinden biraz etkili oldu. Ama hepsinden önemlisi, yaptığım şeyde kararlıydım. Uyanık geçirdiğim bütün saatler boyunca bununla uğraşıyordum. Uykuya dalmadan önce, gün içinde yaptığım şey için kendime teşekkür ediyordum. Uyurken vücudumda şifa sürecinin devam ettiği telkinlerinde bulunuyordum ve sabah uyandığımda kendimi iyi hissediyordum. Sonra gece boyunca ben uyurken çalıştığı için vücuduma teşekkür ediyordum. Büyümeye, gelişmeye, her gün yeni şeyler öğrenmeye ve kendimi kötü biri gibi görmeden değişim yaratmaya istekli olduğumu onaylıyordum.

Anlayış ve bağışlayıcılık üzerinde de çalışıyordum. Yöntemlerimden biri, ebeveynlerimin çocukluklarını elimden geldiğince araştırmaktı. Çocukluklarında onlara nasıl davranıldığını ve yetiştirilme şekilleri yüzünden, yaptıklarından farklı şeyler yapamayacaklarını anlamaya başlamıştım. Üvey babam evde tacize uğramıştı ve kendi çocuklarına da taciz uygulamıştı. Annem, erkeğin daima haklı olduğuna, kadının sadece onun yanında durarak yaptığı şeyi yapmasına izin vermesi gerektiğine inanarak büyümüştü. Kimse onlara farklı bir yaklaşım öğretmemişti. Bu onların yaşam tarzıydı. Adım adım, onları anladıkça, bağışlama sürecim de başladı.

Ebeveynlerimi daha çok bağışladıkça, kendimi de bağışlamaya daha istekli oldum. Kendimizi bağışlamak son derece önemlidir. Birçoğumuz, ebeveynlerimizin bize verdiği zararı kendi içimizdeki çocuğa veririz. Tacizlere devam ederiz ve bu çok üzücüdür. Çocukluğumuzda başka insanlar bize kötü davrandıklarında çok fazla seçeneğimiz yoktur ama büyüdüğümüzde ve içimizdeki çocuğa kötü davranmaya devam ettiğimizde, işte bu felaketi getirir.

Kendimi bağışladıkça, kendime güvenmeye de başladım. Hayata veya başka insanlara güvenmediğimizde, bunun nedeninin kendimize güvenmemek olduğunu keşfettim. Yüksek benliğimizin bizi her durumda koruyacağına güvenmediğimiz için şöyle deriz: "Bir daha asla aşık olmayacağım, çünkü incinmek istemiyorum," veya "Bunun olmasına bir daha asla izin vermeyeceğim." Gerçekte kendimize söylediğimiz şey şudur: "Senin beni koruyacağına güvenmiyorum, bu yüzden her şeyden uzak duracağım."

Zaman içinde, kendimi koruyacak kadar güvenim arttı ve güven doğduktan sonra kendimi sevmemin giderek kolaylaştığını fark ettim. Bedenim iyileşirken, kalbim de iyileşiyordu.

Ruhsal gelişmem, böylesine beklenmedik bir şekilde gerçekleşmişti.

Ayrıca, eskisinden daha genç görünüyordum. Şimdi çekim duyduğum insanların çoğu, kendileri üzerinde çalışmaya istekli olanlardı. Benim gerçekten bir şey söylememe gerek kalmadan, inanılmaz bir gelişme kaydetmişlerdi. Öğrettiğim kavramları yaşadığımı hissettikleri için bu fikirleri kabullenmeleri kolaylaşıyordu. Elbette ki onlar da olumlu sonuçlar elde ettiler. Yaşamlarının kalitesini yükseltmeye başladılar. Bir kez içsel seviyede kendimizle barış sağladığımızda, yaşam çok daha keyifli bir şekilde akar.

✣ ✣ ✣

Peki, bu deneyim bana kişisel olarak ne öğretti? Düşünce kalıplarımı değiştirirsem, geçmişte yaşamama neden olan kalıpları bir kenara atabilirsem, hayatımı da değiştirme gücüne sahip olduğumu öğrenmiştim. Bu deneyim, bana şu içsel bilgiyi vermişti: Eğer gereken işi yapmaya kararlı ve istekli olursak, zihinlerimizde, bedenlerimizde ve yaşamlarımızda inanılmaz değişiklikler yapabiliriz.

Hayatta nerede olursanız olun, neyin yaratılmasına katkıda bulunursanız bulunun, neler olduğuna bağlı olmaksızın, sahip olduğunuz anlayış, bilgi ve farkındalıkla, daima elinizden gelenin en iyisini yaparsınız. Daha fazlasını bildiğinizde, benim yaptığım gibi siz de her şeyi farklı yaparsınız. Bulunduğunuz yer için kendinizi hırpalamayın. Daha iyi veya daha hızlı yapamadığınız için kendinizi suçlamayın. Kendinize şunu söyleyin: "Elimden gelenin en iyisini yapıyorum ve şu anda zor durumda olsam bile, bir şekilde bu durumdan kurtulacağım; bu yüzden, bunu yapmanın en iyi yolunu bulalım." Eğer kendinize sürekli işe yaramaz ve aptal biri olduğunuzu söylerseniz, bulunduğunuz durumdan sıyrılamazsınız. Değişim yaratmak istiyorsanız, kendi sevgi dolu desteğinize ihtiyacınız var.

✤ ✤ ✤

Kullandığım yöntemler bana ait değil. Çoğunu Zihin Bilimi'nde öğrendim ve öğrettiğim şeyler de temelde bunlar. Ama bu prensipler zaman kadar eskidir. Eski ruhsal öğretilerden herhangi birini okursanız, aynı mesajlara rastlarsınız. Dinsel Bilim Kilisesi'nin bir rahibesi olarak yetiştirildim ama bir kilisem yok. Özgür bir ruhum. Öğretileri, birçok kişiye ulaşabilmesi için basit bir dille anlatıyorum. Bu yol, kafanızı toplayarak hayatın gerçekte ne olduğunu ve hayatınızın kontrolünü ele almak için zihninizi nasıl kullanabileceğinizi öğrenmenizi sağlayacak olan yoldur. Yirmi yıldan uzun süre önce bütün bunlara başladığımda, bugün ulaştığım sayıda insana umut getirebileceğim ve yardım edebileceğim konusunda hiçbir fikrim yoktu.

3. BÖLÜM

SESLİ DÜŞÜNMENİN GÜCÜ

Her gün, yaşamdan ne beklediğinizi dile getirin. Bunu, sanki istediklerinizi elde etmiş gibi ifade edin!

Zihin Yasası

Yerçekimi kanunu, fizik ve elektrik gibi çok çeşitli fizik yasaları vardır ki birçoğunu ben anlamıyorum. Aynı şekilde, etki-tepki yasası gibi ruhsal yasalar da vardır: *Ne ekersen, onu biçersin.* Aynı şekilde, zihnin de bir yasası vardır. Nasıl çalıştığını bilmiyorum; elektriğin nasıl çalıştığını bilmediğim gibi. Tek bildiğim, anahtarı açtığımızda, ışığın yandığıdır.

Bir düşünceyi düşündüğümüzde veya bir kelime ya da cümleyi söylediğimizde, bir şekilde bizden çıkarak zihin yasasına girdiğine ve deneyim olarak bize geri döndüğüne inanıyorum.

Şimdi, zihinsel ve fiziksel olgular arasında bir bağlantı olduğunu öğrenmeye başlıyoruz. Zihnin nasıl çalıştığını ve düşüncelerimizin yaratıcı olduğunu öğrenmeye başlıyoruz. Düşüncelerimiz zihnimizden çok hızlı geçtiğinden, başlangıçta onları durdurmak zordur. Diğer yandan, ağzımız daha yavaştır. Dolayısıyla, söylediklerimizi dinleyerek ve olumsuz düşüncelerin ağzımızdan çıkmasına izin vermeyerek, konuşmalarımızı sınırlamaya ve düşüncelerimizi biçimlendirmeye başlayabiliriz.

Söylenen sözlerin gücü muazzamdır ve birçoğumuz ne kadar önemli olduklarının farkında bile değiliz. Sözlerimizi, hayatımızda yarattığımız şeylerin temeli olarak düşünebiliriz. Kelimelerimizi daima kullanırız ama yine de ne dediğimizi gerçekten düşünmeden veya nasıl söylediğimize dikkat etmeden sık sık gevezelik ederiz. Kelime seçimlerimize çok az dikkat ederiz. Aslında, çoğumuz olumsuz kalıplarla konuşuruz.

Çocukken bize dilbilgisi öğretilir ve konuşmalarımızı bu dilbilgisi kurallarına göre nasıl düzenleyeceğimiz açıklanır. Ne var ki dilbilgisi kurallarının sürekli değiştiğini ve bir dönemde uygunsuz olan şeyin, başka bir zamanda uygun olduğunu öğrendim. Geçmişte argo olarak görülen şey, şimdi yaygın kullanımda yer alıyor. Ama dilbilgisi kelimelerin anlamlarını ve yaşamlarımızı nasıl etkilediğini dikkate almıyor.

Diğer yandan, okuldayken, bana kimse kelime seçimlerimin hayatta deneyimleyeceğim şeylerle bir ilgisi olduğunu öğretmedi. Düşüncelerin yaratıcı olduğunu veya hayatımı gerçek anlamda biçimlendirebildiğini kimse söylemedi. Kelime olarak dışarı saldığım şeylerin, deneyim olarak bana geri döneceğini kimse öğretmedi. Altın kuralın amacı, bize yaşamın temel bir yasasını göstermektir: *"Başkalarına, sana davranılmasını istediğin gibi davran."* Verdiğiniz her şey size geri döner. Amaç asla suçluluk duygusu yaratmak değildir. Hayatın beni desteklemek için var olduğunu da kimse öğretmedi.

Çocukken, sık sık birbirimize kötü sözler söyler ve birbirimizi aşağılamaya çalışırdık. Bunu neden yapardık? Bu tür davranışları nereden öğrenmiştik? Bize öğretilenlere bakın. Ebeveynlerimizin bize sürekli olarak aptal, tembel, budala olduğumuzu söylediklerini görürsünüz. Asla onlar için yeterince iyi olmadık ve tam anlamıyla baş belasıydık. Bazen ebeveynlerimizin asla doğmamış olmamızı dilediklerini bile duyardık. Belki bu sözleri duyduğumuzda korkuyla sinerdik ama gerçekte yarattıkları acının ve kırgınlığın ne kadar derinlere yerleştiğini çok azımız fark ederdik.

İçsel Konuşmalarımızı Değiştirmek

Sık sık ebeveynlerimizin bize verdiği ilk mesajları kabulleniriz. "Ispanağını ye," "Odanı temizle," "Yatağını yap," emirlerini, sevilmek için yerine getirmemiz gerektiğini hissederiz. Ancak belli şeyleri yaptığınız takdirde kabul edilebilir olduğunuz fikrini edinirsiniz; kabullenmenin ve sevginin şartlara bağlı olduğunu. Ne var ki bu, birinin değerli olma fikrine bağlıdır ve derin, içsel değerinizle bir ilgisi yoktur. Yine de, ancak başkalarını mutlu etmek için belli şeyleri yaptığınız takdirde var olabileceğiniz, aksi takdirde var olmaya bile hakkınız olmadığı fikrini benimsersiniz.

Bu ilk mesajlar, adına *içsel konuşma* dediğim şeye katkıda bulunur; bu, kendimizle konuşma tarzımızdır. İçimizde kendimizle konuşma şeklimiz gerçekten önemlidir, çünkü söze döktüğümüz düşüncelerimizin temelini oluşturur. İçinde hareket ettiğimiz ve deneyimlerimizi bize çeken zihinsel atmosferi belirler. Kendimizi aşağılarsak, hayat bizim için çok az anlam ifade eder. Kendimizi sever ve takdir edersek, o zaman hayat keyifli, harika bir deneyim olabilir.

Hayatımızda mutsuzsak veya tatmin olmadığımızı hissediyorsak, ebeveynlerimizi veya *onları* suçlamak ve bunun *onların* hatası olduğunu söylemek kolaydır. Ama bunu yaparsak, şartlarımıza, sorunlarımıza ve hayal kırıklıklarımıza mahkum oluruz. Bize özgürlüğü getirecek olan şey suçlayıcı sözler değildir. Unutmayın, kelimelerimizin gücü vardır. Yine, gücümüz hayatlarımızın sorumluluğunu kabul etmekten gelir. Hayatlarımızdan sorumlu olmanın kulağa korkutucu geldiğini biliyorum ama kabul edelim ya da etmeyelim, gerçekten sorumluyuz. Hayatlarımızdan sorumlu olmak istiyorsak, ağızlarımızdan da sorumlu olmamız gerekir. Söylediğimiz sözler, düşüncelerimizin uzantısıdır.

✣ ✣ ✣

Söylediğiniz şeyleri dinlemeye başlayın. Olumsuz veya sınırlayıcı sözler söylediğinizi duyuyorsanız, onları değiştirin. Olumsuz bir hikaye dinlersem, gidip herkese tekrar tekrar anlatmam. Sınırı aştığını düşünür ve unuturum. Olumlu bir hikaye dinlediğimde ise, herkese anlatırım.

Etrafınızdaki insanların neyi nasıl söylediğine dikkat edin. Söyledikleri şeylerin, hayatta deneyimledikleriyle ilgili olup olmadığına bakın. Birçok kişi hayatını "-meli, -malı" kalıplarına bağlı olarak yaşar. Bu kulağımın çok alıştığı bir ifade tarzıdır. Duyduğum her seferinde bir zil çalıyormuş hissine kapılırım. Bu ifade tarzına başvuran insanlar hayatlarının neden o kadar katı olduğunu veya neden bir durumdan kolayca kurtulamadıklarını merak etmeye eğilimlidirler. Kontrol edemeyecekleri birçok şeyde kontrol sahibi olmak isterler. Ya kendilerini ya da başkalarını haksız çıkarırlar. Sonra da neden hayatlarını özgürce yaşayamadıklarını merak ederler.

Bu zorunluluk kalıplarını sözlüğümüzden ve düşünce tarzımızdan çıkarmamız önemlidir. Bunu yaptığımızda, kendimize yüklediğimiz baskıdan büyük ölçüde kurtuluruz. "İşte gitmek zorundayım. Şunu yapmak zorundayım. Bunu yapmak zorundayım. ... zorundayım. ... zorundayım," dedikçe, kendi üzerimize korkunç bir baskı yükleriz. Bunun yerine, *yapmayı seçiyorum* kalıbını kullanmaya başlayalım. "İşe gitmeyi seçiyorum, çünkü kirayı ödememi sağlıyor." Yapmayı seçiyorum kalıbı, hayatımıza çok farklı bir bakış açısı kazandırır. Gerçek şu ki öyle görünmese bile her şeyi tercihen yaparız.

Birçoğumuz *ama* kelimesini sık kullanırız. Bir ifade kullanır, sonra da *ama* deriz ve bu bizi iki zıt yöne sokar. Kendimize çelişkili mesajlar veririz. Bir dahaki sefere konuştuğunuzda *ama* kelimesini nasıl kullandığınıza dikkat edin.

Dikkat etmemiz gereken diğer bir ifade, *unutma*dır. "Bunu ya da şunu unutma," demeye alışmışızdır. Sonunda ne olur? Unuturuz. Aslında hatırlamak isteriz ama bunun yerine unuturuz. Bu yüzden, *unutma* kelimesi yerine *lütfen hatırla* ifadesini kullanmayı öğrenmemiz önemlidir.

✣ ✣ ✣

Sabah uyandığınızda, işe gitmeniz gerektiği gerçeği yüzünden küfrediyor musunuz? Hava kötü olduğu zamanlarda şikayet ediyor musunuz? Sırtınız veya başınız ağrıdığında homurdanıyor musunuz? Düşündüğünüz veya söylediğiniz ikinci ve üçüncü şeyler nedir? Çocuklarınızı uyandırmaya çalışırken bağırıyor musunuz? Çoğu insan, her sabah aşağı yukarı aynı şeyleri söyler. Söylediğiniz şey gününüzü nasıl başlatıyor? Olumlu, neşeli ve harika şeyler mi söylüyorsunuz? Yoksa sızlanıyor ve küfürler mi savuruyorsunuz? Homurdanıyor, sızlanıyor ve inliyorsanız, kendinizi öyle bir güne hazırlarsınız.

Yatağa girmeden önceki son düşünceleriniz neler? Güçlü, iyileştirici düşünceler mi, yoksa yoksullukla ilgili endişeler mi? Yoksullukla ilgili düşüncelerden söz ederken, sadece parasızlığı kastetmiyorum. Hayatınızdaki herhangi bir şeyle ilgili olumsuz bir düşünce olabilir; hayatınızın özgürce akmayan herhangi bir alanı. Yarın için endişeleniyor musunuz? Genellikle, uykuya dalmadan önce olumlu bir şey okurum. Uykuya dalarken, beni ertesi güne hazırlayacak bir sürü temizlik yaptığımı bilirim.

Sorunlarım veya sorularım için rüyalarıma danışmayı çok yararlı bulurum. Rüyalarımın, hayatımda olup bitenlerle başa çıkmama yardımcı olacağını bilirim.

✤ ✤ ✤

Zihnimin içinde düşünebilecek tek kişi benim; tıpkı sizin zihninizde düşünebilecek tek kişinin siz olduğunuz gibi. Kimse bizi farklı şekilde düşünmeye zorlayamaz. Düşüncelerimizi kendimiz seçeriz ve bunlar, içsel konuşmalarımızın temelidir. Bu sürecin hayatımda nasıl işlediğini deneyimlerken, başkalarına öğrettiklerimi daha fazla yaşamaya başladım. Söylediklerime ve düşüncelerime gerçekten dikkat ediyordum ve mükemmel olmadığım için sürekli olarak kendimi bağışlıyordum. Başkalarının gözünde kabul edilebilir olmamı sağlayacak şekilde süper insan olmaya çalışmaktansa, kendime kendim olma iznini verdim.

Hayata güvenmeye ve dünyayı barışçıl bir yer olarak görmeye başladığımda, kendimi daha hafif hissettim. Mizah duygum güçlendi ve gerçekten eğlenceli bir insan oldum. Kendime ve başkalarına karşı eleştirelliği ve yargılayıcılığı bırakmaya çalışırken, felaket hikayeleri anlatmaktan da vazgeçtim. Şaşırtıcı gelebilir ama kötü haber yaymakta çok hızlı olduğumuz bir gerçek.

Gazete okumaktan ve akşam haberlerini dinlemekten vazgeçtim, çünkü bu haberlerin çoğu felaket ve şiddet içerirken, çok azı iyi haber içeriyordu. Çoğu insanın, iyi haberleri duymadığını fark ettim. Üzerinde sızlanabilecekleri bir şey bulduklarından, kötü haber duymaya bayılıyorlar. Çoğumuz olumsuz hikayeler yaymaya öylesine kendimizi kaptırıyoruz ki sonunda dünyada sadece kötülük olduğuna inanmaya başlıyoruz. Bir dönem, sadece iyi haberler yayınlayan bir radyo istasyonu vardı; iflas etti.

Kanser olduğumu öğrendiğimde, dedikodu yapmamaya karar verdim ve şaşırtıcı bir şekilde, kimseye söyleyecek bir şey bulamadığımı fark ettim. Bir arkadaşımla karşılaştığımda, en son kötü haberleri hemen üzerlerine boşaltma eğiliminde olduğumu fark ettim. Zaman içinde, başka konuşma yollarının da olduğunu keşfettim ama bu, kurtulması kolay bir alışkanlık değildi. Yine de, başka insanlar hakkında dedikodu yaparsam, başka insanlar da muhtemelen benim hakkımda dedikodu yapıyordu, çünkü verdiğimiz şeyi alırız.

İnsanlarla daha fazla çalıştıkça, söyledikleri şeyleri gerçekten dinlemeye başladım. Sadece genel akışı değil, kelimeleri gerçekten duyuyordum. Genellikle, biriyle yaklaşık on dakika geçirdikten sonra, neden bir sorunları olduğunu tam olarak söyleyebiliyordum, çünkü kullandıkları kelimeleri duyuyordum. Konuşma tarzlarına bakarak onları kolayca anlayabiliyordum. Kullandıkları kelimelerin sorunlarına katkı sağladığını biliyordum. Karşılarındaki kişiyle olumsuz konuşuyorlarsa, içsel konuşmalarının nasıl olduğunu bir hayal etsenize! Aynı olumsuz programlamanın – yoksul düşüncenin – devamı olmalıydılar.

Size önerebileceğim güzel bir egzersiz şu: Telefonunuzun yanına bir ses kaydedici koyun ve telefonla konuştuğunuz her seferinde kayıt tuşuna basın. Kasetin iki tarafı da dolduktan sonra, ne söylediğinizi ve nasıl söylediğinizi dinleyin. Muhtemelen çok şaşıracaksınız. Kullandığınız kelimeleri ve sesinizin etkisini anlamaya başlayacaksınız. Farkına varacaksınız. Bir şeyi üç kereden fazla söylediğinizi duyarsanız, hemen bir köşeye not edin, çünkü bu bir kalıptır. Bazı kalıplar destekleyici ve olumlu olabilir ama sürekli tekrarladığınız çok olumsuz kalıplarınız da olabilir.

Bilinçaltının Gücü

Konuştuğum şeylerin ışığında, bilinçaltımızın etkilerinden söz etmek istiyorum. Bilinçaltımız yargı yeteneğine sahip değildir. Söylediğimiz her şeyi kabul eder ve inançlarımıza uygun şeyler yaratır. Daima *evet* der. Bilinçaltımız, sözünü ettiğimiz her şeyi bize verecek kadar bizi sever. Ama bir seçeneğimiz vardır. Bu yoksulluk inançlarını ve kavramlarını seçersek, o zaman onları istediğimizi bilinçaltımız da kabul eder. Bu şeyler, düşüncelerimizi, kelimelerimizi ve inançlarımızı daha iyiye doğru değiştirmeye istekli hale gelene kadar bize vermeye devam eder. Asla sıkışıp kalmayız, çünkü daima tekrar seçebiliriz. İçinden seçebileceğimiz milyarlarca düşünce vardır.

Bilinçaltımız yanlışı doğrudan, sahteyi gerçekten ayıramaz. Kendimizi hiçbir şekilde küçültmek istemeyiz. "Ah, ne kadar aptalım, her zamanki gibi," türünden şeyler söylemeyi istemeyiz, çünkü bilinçaltımız bu içsel konuşma tarzını hemen benimser ve bir süre sonra kendinizi o şekilde hissetmeye başlarsınız. Yeterince uzun süre tekrarlarsanız, bir düşünceyi bilinçaltınızda bir inanç haline getirirsiniz.

Bilinçaltının mizah duygusu yoktur ve bu kavramı bilip anlamanız önemlidir. Kendiniz hakkında bir şaka yapıp, bir anlamı olmadığını düşünemezsiniz. Eğer kendiniz hakkında alçaltıcı bir düşünceyse, komik veya şirin davranmaya çalışsanız bile, bilinçaltınız onu doğru kabul eder. Atölye çalışmalarımda insanların kendilerini aşağılayıcı şakalar yapmasına izin vermem. Şehvetli olabilirler ama milliyet, cinsellik veya başka bir konuda aşağılayıcı olamazlar.

Kendiniz hakkında aşağılayıcı şakalar yapmayın ve bu türde ifadeler kullanmayın, çünkü sizin için iyi deneyimler yaratmayacaklardır. Başkalarını da aşağılamayın. Bilinçaltınız, sizinle karşınızdaki kişi arasında ayırım yapmaz. Sadece kelimeleri duyar ve kendinizden söz ettiğiniz şeklinde algılar. Birini eleştirmek istediğinizde, neden kendiniz hakkında böyle hissettiğinizi düşünün. Başkalarında ancak kendinizde gördüğünüz şeyleri görebilirsiniz. Başkalarını eleştirmek yerine, onları övün ve bir ay içinde, kendi içinizde muazzam bir değişim görürsünüz.

✣ ✣ ✣

Kelimelerimiz gerçekten bir yaklaşım ve tutum meselesidir. Yalnız, mutsuz, hasta, yoksul insanların konuşma tarzlarına dikkat edin. Hangi kelimeleri kullanıyorlar? Kendileri hakkında neleri doğru kabul etmişler? Kendilerini nasıl tanımlıyorlar? İşlerini, yaşamlarını, ilişkilerini nasıl tanımlıyorlar? Neleri istiyorlar? Söyledikleri sözlere dikkat edin ama lütfen, konuşma tarzlarıyla hayatlarını nasıl mahvettiklerini başkalarına anlatarak ortalıkta dolaşmayın. Bunu ailenizle ve dostlarınızla da yapmayın, çünkü bilgiyi takdir etmeyeceklerdir. Bunun yerine, bu bilgiyi kendinizle bağlantı kurmak için kullanmaya başlayın ve hayatınızın değişmesini istiyorsanız uygulayın, çünkü en küçük seviyede bile, konuşma tarzınızı değiştirirseniz, deneyimleriniz de değişecektir.

Eğer ölümcül hastalığı olan biriyseniz, öleceğinize inanıyorsanız, hiçbir şey düzgün gitmediği için hayatın size karşı iyi davranmadığını düşünüyorsanız, neler yapmalısınız?

Hayata dair olumsuz inançlardan kurtulabilirsiniz. Herkes tarafından sevilen, iyileşmeye hakkı olan ve fiziksel seviyede her türlü olanağı üzerinize çekebilen biri olduğunuzu onaylamaya devam edin. İyileşeceğinizi ve iyileşmeniz gerektiğini bilin.

Birçok kişi sadece hasta olduğu zaman kendini güvende hisseder. Genellikle *hayır* kelimesini söylemekte zorluk çekerler. *Hayır* demelerinin tek yolu, "Bunu yapamayacak kadar hastayım" demektir. Mükemmel bir bahanedir. Atölye çalışmalarımdan birinde, üç kanser ameliyatı geçirmiş bir kadını hatırlıyorum. Kimseye *hayır* diyemiyordu. Babası bir doktordu ve kendisi de babasının sevgili kızıydı, dolayısıyla babası ona neyi yapmasını söylerse onu yapıyordu. Hayır demesi imkansızdı. Ondan ne isterseniz *evet* demek zorundaydı. Ona ciğerleri patlayana kadar bağırarak ilk "Hayır!"ını söyletmem dört günümü aldı. Bunu öyle bir şekilde yapmıştım ki bir yandan "Hayır! Hayır! Hayır!" diye bağırırken, bir yandan da yumruğunu sallıyordu. Bir kez başarınca, hoşuna gitti.

Göğüs kanserine yakalanmış birçok kadının *hayır* demekte zorlandığını görüyorum. Kendileri dışında herkesi geliştirip besliyorlar. Göğüs kanseri olan bir kadına ilk önereceğim şeylerden biri, "Hayır, bunu yapmak istemiyorum. Hayır!" demeyi öğrenmesidir. İki-üç ay boyunca her şeye hayır demek, işleri tersine çevirebilir. "Yapmamı istediğin şeyi değil, yapmak istediğim şeyi yapıyorum," demek, kendini beslemesini sağlayacaktır.

✤ ✤ ✤

Bireysel olarak insanlarla çalışmaya başladığımda, sınırlamaları yüzünden tartıştıklarını görüyordum ve sürekli olarak neden bir durumda sıkışıp kaldıkları konusunda türlü bahaneler sayıyorlardı. Bir noktada sıkışıp kaldığımıza inanır ve bunu kabullenirsek, gerçekten sıkışıp kalmışız demektir. "Sıkışıp kalırız," çünkü böylelikle olumsuz inançlarımız gerçekleşir. Bunun yerine, güçlü özelliklerimize odaklanmalıyız.

Birçoğunuz bana kasetlerimin hayatınızı kurtardığını söylüyorsunuz. Ama unutmayın ki, hiçbir kitap ya da kaset hayatınızı kurtaramaz. Plastik kutudaki küçük bir kaset sizi nasıl kurtarabilir ki? Asıl önemli olan, oradan aldığınız bilgilerle ne yaptığınızdır. Size bir sürü fikir verebilirim ama yine de asıl önemli olan, onlarla ne yapacağınızdır. Fikirlerin yeni bir alışkanlık yaratabilmesi için bir kaseti bir ay veya daha uzun süre tekrar tekrar dinlemenizi öneririm. Ben sizin şifacınız veya kurtarıcınız değilim. Hayatınızda değişim yaratabilecek tek kişi *kendinizsiniz.*

✣ ✣ ✣

Şimdi, nasıl mesajlar duymak istiyorsunuz? Bunu tekrar tekrar söylediğimin farkındayım; *kendinizi sevmek, yapabileceğiniz en önemli şeydir, çünkü kendinizi sevdiğinizde, kendinizi veya bir başkasını incitmezsiniz.* Bu, dünya barışının formülüdür. Kendimi ve sizi incitemezsem, nasıl savaşabiliriz ki? Ne kadar çoğumuz o noktaya ulaşabilirsek, o kadar iyi bir gezegene sahip oluruz. Kendimize ve başkalarına söylediklerimizi dinleyerek, olan bitene karşı bilincimizi açalım. Ancak o zaman kendimizi ve gezegenin geri kalanını iyileştirecek değişimleri başlatabiliriz.

4. BÖLÜM

GEÇMİŞLE HESAPLAŞMAK

Ne kadar küçük olursa olsun, ilk adımı atmaya istekli olun. Öğrenmeye istekli olduğunuz gerçeğine odaklanın. Mutlaka mucizeler olacaktır.

Olumlu İfadeler İşe Yarar

Düşüncelerimizin ve sözlerimizin ne kadar güçlü olduğunu biraz daha anladığımıza göre, daha iyi sonuçlar almak istiyorsak, düşünce ve konuşma tarzımızı olumlu kalıplara göre yeniden düzenlemeliyiz. İçsel konuşmalarınızı olumlu ifadelere dönüştürmek istiyor musunuz? Dikkat edin, bir düşünceyi düşündüğünüz her seferinde, bir kelimeyi her söylediğinizde, bir olumlama kullanırsınız.

Olumlama, bir başlangıç noktasıdır. Değişim kapısını açar. Temelde, bilinçaltınıza şunu söylersiniz: "Sorumluluğumu alıyorum. Değişmek için yapabileceğim bir şey var." Önermelerden söz ettiğimde, bilinçli olarak hayatınızdan bir şeyi atmanıza veya hayatınızda yeni bir şey yaratmanıza ve bunu olumlu şekilde yapmanıza yardımcı olacak, bilinçli şekilde seçilmiş cümle veya kelimelerden söz ediyorum. "Daha fazla hasta olmak istemiyorum," derseniz, bilinçaltınız *daha fazla hasta* ifadesini duyar. Ne istediğinizi ona açıkça söylemeniz gerekir. Yani şöyle diyebilirsiniz: "*Kendimi harika hissediyorum. Kesinlikle çok sağlıklıyım.*"

Bilinçaltınız son derece doğrudandır. Stratejisi veya planları yoktur. Duyduklarını aynen uygular. Eğer "Bu arabadan nefret ediyorum," derseniz, size harika bir yeni araba vermez, çünkü ne istediğinizi bilmez. Yeni bir arabanız olsa bile, muhtemelen çok geçmeden nefret edersiniz, çünkü sözünü ettiğiniz şey odur. Bilinçaltınız sadece *bu arabadan nefret ediyorum* ifadesini duyar. İsteklerinizi olumlu bir şekilde, açıkça ifade etmeniz gerekir: "*Bütün ihtiyaçlarımı karşılayan, çok güzel bir yeni arabam var.*"

Hayatınızda gerçekten sevmediğiniz bir şey varsa, ondan kurtulmanın en hızlı yolunun *onu sevgiyle kutsamak* olduğunu keşfettim. "*Seni sevgiyle kutsuyorum ve gitmene izin veriyorum.*" Bu yöntem insanlar, durumlar, nesneler ve yaşam ortamları için işe yarar. Bunu kurtulmak istediğiniz bir alışkanlık için bile deneyebilir ve olanları kendiniz görebilirsiniz. İçtiği her sigaraya "Seni sevgiyle kutsuyorum ve hayatımdan çıkmana izin veriyorum," diyen bir adam tanımıştım. Birkaç gün sonra sigara içme isteği belirgin bir şekilde azaldı ve birkaç hafta sonra alışkanlığından kurtuldu.

İyiyi Hak Ediyorsunuz

Bir an için düşünün. Şu anda istediğiniz şey tam olarak nedir? Bugün hayatınızda istediğiniz şey nedir? Onu düşünün ve sonra "Kendim için __________ (istediğiniz şey neyse) kabul ediyorum," deyin. Çoğumuzun sıkışıp kaldığı noktanın bu olduğunu keşfettim.

Ana fikir, istediğimiz şeyi hak etmediğimiz inancıdır. Kişisel gücümüz, hak etmeyi algılamamızda yatar. Hak etmeme inancımız ise çocukluk mesajlarımızdan gelmektedir. Yine, bu mesajlar yüzünden değişemeyeceğimizi düşünmemiz gerekmez. İnsanlar sık sık bana gelip şöyle derler: "Louise, olumlu ifadeler işe yaramıyor." Bunun aslında olumlu ifadelerle bir ilgisi yok; sadece, iyiyi hak ettiğimize inanmıyoruz.

Bir şeyi hak ettiğinize inanıp inanmadığınızı anlamanın yolu, bir olumlama kullanmak ve o olumlamayı kullanırken zihninizde beliren düşüncelere dikkat etmektir. Sonra onları yazın, çünkü kağıt üzerinde görürseniz, açıkça anlayabilirsiniz. Sizi bir şeyi hak etmekten veya kendinizi sevmekten geri tutan tek şey, başka birinin gerçek olarak kabul ettiğiniz düşüncesi veya inancıdır.

İyiyi hak ettiğimize inanmadığımızda, kendi temellerimizi sarsarız ve bunu çok çeşitli şekillerde yapabiliriz. Kaos yaratırız, bir şeyleri kaybederiz, canımızı yakarız veya düşme ya da kaza gibi fiziksel sorunlar yaşarız. Hayatın sunabileceği tüm iyi şeyleri hak ettiğimize inanmaya başlamak zorundayız.

Yanlış veya olumsuz inançları yeniden düzenlerken, hayatınızdaki bu yeni "şeyi" yaratmaya başlamak için ihtiyacınız olacak ilk düşünce ne olurdu? Üzerinde yükseleceğiniz temel veya yapı taşı ne olurdu? Kendiniz için bilmeniz gereken ilk şey ne olurdu? İnanmak için? Kabul etmek için?

Bazı iyi başlangıç düşünceleri şunlar olabilir:

- *"Ben değerliyim."*
- *"Ben hak ediyorum."*
- *"Kendimi seviyorum."*
- *"Hayatı dolu dolu yaşayacağım."*

Bu kavramlar, üzerinde yükselebileceğiniz temel inançları oluşturur. Yaratmak istediğiniz bu yapı taşları üzerinde olumlu ifadelerinizi kullanabilirsiniz.

✤ ✤ ✤

Bir yerde konuşma yaptığım her seferinde, biri konferansın sonunda yanıma gelerek veya bana bir mektup yazarak, salondayken bir iyileşme hissettiğini söyler. Bazen çok küçüktür ama bazen çok belirgindir. Yakın zamanda bir kadın yanıma geldi ve bana göğsünde bir şişlik olduğunu, konferans sırasında ise şişliğin tamamen kaybolduğunu söyledi. Bir şey duymuş ve içindeki bir şeyi söküp atmaya karar vermişti. Bu, ne kadar güçlü olduğumuza dair güzel bir örnektir. Bir şeyin gitmesine izin vermeye hazır olmadığımızda, bir şekilde bize hizmet ettiği için bir şeye tutunma eğiliminde olduğumuzda, ne yaptığımız fark etmez, çünkü muhtemelen işe yaramayacaktır. Ama bir şeyi bırakmaya hazır olduğumuzda – bu kadının örneğinde olduğu gibi – en küçük şartların bile bize nasıl yardımcı olabildiğini görmek inanılmazdır.

Henüz bırakamadığınız bir alışkanlığınız varsa, size nasıl hizmet ettiğini kendinize sorun. Size ne kazandırıyor? Eğer bir cevap alamıyorsanız, farklı bir şekilde sorun: "Artık bu alışkanlığım olmazsa, kendimi nasıl hissederim?" Cevap genellikle şudur: "Hayatım daha iyi olur." Böylece, yine bir bakıma kendimize daha iyi bir yaşantıyı hak etmediğimiz gerçeği ortaya çıkıyor.

Kozmik Mutfağa Sipariş Vermek

Bir olumlu ifade kullandığınızda, başlangıçta size doğru görünmeyebilir. Ama dikkat edin, olumladığınız her söz toprağa ektiğiniz tohum gibidir. Toprağa bir tohum ektiğinizde, ertesi gün tamamen büyümüş bir bitkiniz olmaz. Büyüme sürecinde sabırlı olmamız gerekir. Olumlu ifadeler kullanmaya devam ederken, ya istemediğiniz şeye hazırlanırsınız ve önermeniz gerçekleşir ya da size yeni bir yol açar. İyi bir beyin fırtınası seansında, bir arkadaşınız size şöyle diyebilir: "Bunu hiç denedin mi?" Böylece size yardımcı olacak bir sonraki adıma yönelirsiniz.

Olumlu ifadelerinizi şimdiki zamanda kullanın. Onları bir şarkıya dönüştürebilirsiniz ve böylece zihninizde sürekli tekrarlanırlar. Olumlu ifadelerle herhangi bir kişinin davranışlarını etkileyemeyeceğinizi daima hatırlayın. "John bana aşık" şeklinde bir olumlama kullanmak, manipülasyon biçimidir ve başka birinin hayatı üzerinde kontrol sahibi olmaya çalışmaktır. Genellikle üzerinizde bumerang etkisi yapar. İstediğinizi elde edemediğinizde çok mutsuz olursunuz. Bunun yerine, ilişkinizde istediğiniz nitelikleri sayarak, "... niteliklerine sahip harika bir adamla aşk ilişkim var," diyebilirsiniz. Bu şekilde, içinizdeki *gücün* hayatınızdaki bu boşluğu dolduracak mükemmel bir kişiyi size getirmesini sağlayabilirsiniz ama bu kişi John olmayabilir.

Karşınızdaki kişinin ruhsal dersinin ne olduğunu bilemezsiniz ve onun hayatının akışına müdahale etme hakkına sahip değilsiniz. Başka birinin de böyle bir şeyi size yapmasını istemezsiniz. Biri hastaysa, onu kutsayın, sevgi ve huzur gönderin ama iyileşmelerini talep etmeyin.

Olumlu ifadeleri *kozmik mutfağa* sipariş vermeye benzetirim. Bir restorana giderseniz ve garson siparişinizi almaya gelirse, aşçının siparişi alıp almadığını veya yiyecekleri nasıl hazırladığını görmek için garsonun peşinden mutfağa gitmezsiniz. Sadece olduğunuz yerde oturup kahvenizi, suyunuzu veya çayınızı içer, arkadaşınızla konuşur ve bir şeyler atıştırırsınız. Yemeğinizin hazırlandığını ve zamanı geldiğinde masanıza getirileceğini bilirsiniz. Olumlamalarda da durum aynıdır.

Kozmik mutfağa bir sipariş veririz ve aşçımız *yüksek güç* üzerinde çalışmaya başlar. Bu yüzden, hayatınıza devam edin ve bütün ihtiyaçlarınızla ilgilenildiğini bilin. Her şey yolundadır. Siparişiniz hazırlanmaktadır. Yemek geldiğinde siparişini verdiğiniz şey değilse ve özgüveniniz yüksekse, geri gönderirsiniz. Özgüveniniz düşükse, geleni yersiniz. Kozmik mutfakla da bunu yapabilirsiniz. İstediğiniz şeyi tam olarak elde edemezseniz, "Hayır, istediğim şey bu değil, tam olarak şu," diyebilirsiniz. Belki de ilk seferinde siparişinizi verirken yeterince açık davranmadınız.

Buradaki ana fikir, serbest bırakmayı bilmektir. Tedavilerimin ve meditasyonlarımın sonunda, şu kelimeleri kullanırım: "Çünkü öyledir." Bu, *yüksek güç,* her şey senin ellerinde, sana bırakıyorum," demektir. Zihin Bilimi tarafından öğretilen ruhsal zihin tedavisi son derece etkilidir. İsterseniz Ernest Holmes'un kitapları sayesinde daha fazla bilgi edinebilirsiniz.

Bilinçaltını Yeniden Programlamak

Zihnimizden geçen düşünceler birikir ve biz farkında değilken, eski düşünceler yüzeye çıkar. Zihinlerimizi yeniden programlarken, biraz ileri gitmemiz, biraz geri dönmemiz ve yeniden biraz ileri gitmemiz normal ve doğaldır. Bu, egzersizin bir parçasıdır. İlk 20 dakika içinde yüzde 100 etkili şekilde öğrenebileceğiniz herhangi bir beceri olduğunu sanmıyorum.

Bilgisayar kullanmayı öğrenmeye çalıştığınız ilk seferi hatırlıyor musunuz? Ne kadar cesaret kırıcıydı, değil mi? Egzersiz yapmanız gerekti. Nasıl çalıştığını, yasalarını ve sistemlerini öğrenmek zorundaydınız. Ben ilk bilgisayarıma Sihirli Hanım adını vermiştim, çünkü kurallarını öğrendikten sonra, bana sunduğu şeyler sihir gibi geliyordu. Ama öğrenmeye devam ederken, bana yoldan çıktığımı veya tekrar nasıl geri dönebileceğimi öğretme şekli, sayfalar dolusu çalışmamı ortadan kaldırmak oluyordu ve dolayısıyla her şeye baştan başlamak zorunda kalıyordum. Ama bütün o hatalarla, sistemle nasıl akabileceğimi öğrendim.

Hayatın sistemiyle birlikte akabilmek için, bilinçaltınızın bir bilgisayar gibi olduğunu anlamanız gerekir; çöp içeri, çöp dışarı. İçeri olumsuz düşünceler koyarsanız, çıktıları da olumsuz deneyimler olur. Evet, yeni düşünce tarzlarını öğrenip benimsemek zaman ve çaba gerektirecektir. Kendinize karşı sabırlı olun. Yeni bir şey öğrenirken eski kalıplar geri döndüğünde, "Ah, hiçbir şey öğrenmiyor muyum?" demezsiniz. "Pekala, bu sorun değil, haydi, yeni şekilde bir daha deneyelim," dersiniz.

Diyelim ki bir konuyu netleştirdiniz ve onunla bir daha yüzleşmek zorunda kalmayacağınızı düşünüyorsunuz. Kendinizi sınamadığınız sürece gerçekten işe yarayıp yaramadığını nereden bileceksiniz? Bu yüzden, eski durumu bir kez daha gündeme getirir ve nasıl tepki verdiğinize bakarsınız. Hemen eski tepki tarzınıza dönerseniz, o zaman belli bir dersi gerçekten analiz etmediğinizi ve üzerinde daha fazla çalışmanız gerektiğini anlarsınız. Hepsi budur. Ne kadar ilerlediğinizi görmek için, kendinizi sınamak zorundasınız. Olumlamalarınızı tekrarlamaya başlarsanız, kendinizle ilgili yeni gerçek ifadeleri kullanırsanız, farklı şekilde tepki verme şansını kendinize kazandırırsınız. Bir sağlık sorunu, finansal bir sorun veya ilişkinizde bir zorluk olsun, duruma yeni bir şekilde tepki verdiğinizde, başka bir konunun daha ele alındığını bilirsiniz ve diğer alanlara yönelebilirsiniz.

Katmanlarla tek tek çalıştığımızı da daima hatırlayın. Bir platoya ulaştığınızda, "Başardım!" diye düşünebilirsiniz. Sonra eski sorunlar tekrar yüzeye çıkar ve kendinizi incitir, hastalanır ve bir süre düzelmezsiniz. Sorunun altında yatan inançların ne olduğuna bakın. Bir sonraki daha derin tabakaya geçeceğiniz için, daha fazla çalışmanız gerekebilir.

Üzerinde çalıştığınız bir şey tekrar karşınıza çıkarsa, yeterince iyi olmadığınızı düşünmeyin. Eski bir sorunla karşılaştığım için kötü bir kişi olmadığımı anladığımda, devam etmek benim için daha kolay oldu. Kendime şöyle demeyi öğrendim: "Louise, çok iyi gidiyorsun. Bak, ne kadar yol aştın. Sadece biraz daha çalışman gerekiyor ve seni seviyorum."

✣ ✣ ✣

Her birimizin belli bir zaman ve uzay noktasında bu gezegene gelmeye karar verdiğimize inanıyorum. Bizi ruhsal gelişim yolunda ilerletecek belli bir dersi öğrenmek için buraya gelmeyi seçtik.

Hayat sürecinin kendiniz için olumlu, sağlıklı bir şekilde akmasına izin vermenin yollarından biri, kendi kişisel gerçeklerinizi ilan etmektir. Çok istediğiniz kazançları elde etmenizi engelleyen sınırlayıcı inançlardan uzaklaşmayı seçin. Olumsuz düşünce kalıplarınızın zihninizden silineceğini ilan edin. Korkularınızdan ve yüklerinizden kurtulun. Uzun bir süredir şu inançları izliyorum ve benim için çok işe yaradılar:

- *"Bilmem gereken her şey bana açıklanır."*
- *"İhtiyacım olan her şey, bana mükemmel bir zaman-uzay sıralamasıyla ulaşır."*
- *"Hayat mutluluktur ve sevgiyle doludur."*
- *"Ben seviyorum ve seviliyorum."*
- *"Sağlıklıyım ve enerji doluyum."*
- *"Nereye yönelsem zenginleşip gelişiyorum."*
- *"Değişmeye ve gelişmeye istekliyim."*
- *"Benim dünyamda her şey yolundadır."*

Her zaman yüzde 100 olumlu kalamayacağımızı öğrendim ve bu bilgiye kendimi de ekledim. Mümkün olduğunca, hayatı son derece muhteşem bir deneyim olarak görüyorum. Güvende olduğuma inanıyorum. Bunu kendim için kişisel bir yasa haline getirdim.

Bilmem gereken her şeyin bana açıklandığına inandığım için, gözlerimi ve kulaklarımı açık tutuyorum. Kansere yakalandığımda, bir ayak refleksolojistinin* bana çok yardımcı olacağını düşündüm. Bir akşam, bir konferansına gittim. Genellikle konuşmacıya yakın olmayı sevdiğim için en ön sıraya otururum ama o gece, içimden arka sırada oturmak geldi. Oturduktan hemen

* *Refleksoloji:* Alternatif tıpta, vücudun herhangi bir noktasına masaj yapılarak şifa verilmesi bilimi. (Ç.N.)

sonra, yanıma bir ayak refleksolojisti oturdu. Konuşmaya başladım ve evlere gittiğini öğrendim. Onu aramam gerekmemiş, o bana gelmişti.

Ayrıca, ihtiyacım olan şeylerin bana mükemmel bir zaman-uzay sıralamasında sunulacağına da inanırım. Hayatımda bir şey ters gittiğinde, hemen şöyle düşünmeye başlarım: "Her şey yolunda, bunun normal olduğunu biliyorum. Bu bir ders, bir deneyim ve aşacağım. Burada, en yüce hayrıma hizmet eden bir şey var. Her şey mükemmel. Sadece nefes al. Her şey yolunda." Kendimi sakinleştirmek için elimden geleni yaparım ve elbette ki çalışmaya devam ederim. Biraz zaman alabilir ama bazen, gerçekten büyük felaketler gibi görünen şeyler sonunda çok büyük hayır getirir veya en azından, başlangıçta göründükleri kadar büyük felaketler olmadıkları anlaşılır. Her olay, eğitici bir deneyimdir.

Sabah, öğlen ve geceleri bol bol olumlu içsel konuşma egzersizi yaparım. Kalbimde bir sevgi noktasından hareket eder, kendimi ve başkalarını elimden geldiğince severim. Sevgim sürekli genişler. Bugün yaptığım şey, altı ay veya bir yıl önce yaptığımdan çok daha fazlasıdır. Bundan bir yıl sonra bilinçaltımın ve kalbimin genişleyeceğini ve daha fazlasını yapacağımı biliyorum. Kendim hakkında inandığım şeyin benim için gerçek olduğunu bilir, bu yüzden kendim hakkında harika şeylere inanmayı seçerim. Bunu yapmadığım bir dönem vardı ama artık büyüdüğümü biliyorum ve kendim üzerinde çalışmaya devam ediyorum.

Meditasyona da inanıyorum. Bana göre meditasyon, bir yere oturup kendi *içsel bilgeliğimizi* duymamıza yetecek kadar bir süre içsel konuşmalarımızı susturmaktır. Meditasyon yaparken, genellikle gözlerimi kapar, derin bir nefes alır ve şöyle sorarım: "Bilmem gereken şey nedir?" veya "Bundaki ders nedir?" Bazen hayatlarımızdaki her şeyi çözmemiz gerektiğini sanırız ama belki de gerçekte gereken tek şey, o durumdan bir şeyler öğrenmektir.

Meditasyon yapmaya başladığımda, ilk üç hafta boyunca çok şiddetli baş ağrılarım olmuştu. Meditasyon bana o kadar yabancı ve genel içsel programlamama o kadar zıttı ki. Yine de ısrarcı oldum ve baş ağrılarım zaman içinde kayboldu.

Meditasyon yaparken sürekli olarak olumsuzlukla karşılaşıyorsanız, bir şeyin dışarı çıkması gerekiyor olabilir ve o zaman kendinizi sakinleştirmeniz, sessizleştirmeniz gerekir; bunu başardığınızda, her şey yüzeye çıkmaya başlar. Sadece olumsuzluğun salıverildiğini görün. Onunla savaşmamaya çalışın. Gerektiği sürece dışarı akmasına izin verin.

Meditasyon yaparken uyuyakalırsanız, sorun değildir. Bedeninizin yapmaya ihtiyaç duyduğu şeyi yapmasına izin verirseniz, zaman içinde dengesini bulacaktır.

✣ ✣ ✣

Olumsuz inançlarınızı yeniden programlamak çok güçlü bir etkiye sahiptir. Bunu yapmanın iyi bir yolu, *kendi sesinizle* olumlu düşüncelerinizi dinleyeceğiniz bir kaset hazırlamaktır. Uykuya dalarken onu dinleyin. Kendi sesinizi dinlediğiniz için, harcadığınız zaman değerli olacaktır. Daha da güçlü bir kaset, annenizin sesinden ne kadar harika olduğunuzu ve ne kadar sevildiğinizi dinleyeceğiniz bir kaset olabilir. Kaseti hazırladığınızda, yeniden programlamaya başlamadan önce bedeninizi gevşetmekte yarar vardır. Kontrolün hep sizde olduğunu ve güvende olduğunuzu daima hatırlayın.

Kasetler dinlemek veya kişisel farkındalık kitapları okumak ve olumlu ifadelerde bulunmak harikadır. Peki, günün geri kalan 23 saat 30 dakikasında ne yapacaksınız? Tahmin edeceğiniz gibi, asıl önemli olan odur. Oturup meditasyon yaptıktan sonra kalktığınızda aceleyle işe koşturup birilerine bağırırsanız, farklı türde etki yaratırsınız. Meditasyon yapmak ve olumlu düşünmek harikadır ama diğer zamanlar da aynı derecede önemlidir.

Şüpheyi, Dostça Bir Uyarı Olarak Algılayın

Bana sık sık insanların olumlamaları doğru kullanıp kullanmadığını veya işe yarayıp yaramadığını sorarlar. Ben *şüpheyi* sizden biraz farklı bir şekilde ele alıyorum. Bilinçaltının bedenin solar pleksus bölgesinde, o *huzursuz hislerin* geldiği yerde bulunduğuna inanıyorum. Aniden beklenmedik bir şey olduğunda, karnınızda güçlü bir duygu hissetmez misiniz? Orası, her şeyi alıp depoladığınız yerdir.

Çocukluk dönemlerimizden beri, aldığımız her mesaj, yaptığımız her şey, yaşadığımız tüm deneyimler, söylediğimiz tüm sözler, hepsi solar pleksus bölgesindeki bir dolapta birikmiştir. Orada küçük mesajlar bulunduğunu ve düşündüğümüzde ya da bir deneyim yaşadığımızda, mesajların oraya girerek uygun dosyalarda toplandığını düşünürüm. Birçoğumuzda bu dosyaların etiketleri şu şekildedir: *Yeterince iyi değilim. Asla başaramayacağım. Doğru yapamıyorum.* Kesinlikle bu dosyaların altına gömülmüş durumdayızdır. Aniden, şöyle olumlamalar kullanırız: *Ben harikayım ve kendimi çok seviyorum.* Mesajcılar bu mesajları alır ve sorular başlar: "Bu da ne??? Bu nereye gidecek? Daha önce hiç görmemiştik!"

Bunun üzerine, mesajcı *Şüphe*'yi çağırır: Şüphe! Buraya gel ve olanlara bir bak!" Bunun üzerine *Şüphe* mesajı alır ve bilinçaltına sorar: "Bu da ne? Hep başka türde şeyler söylerdin sen, ne oluyor?" Bilinçli seviyede, iki şekilde tepki veririz. "Ah, haklısın, ben berbat durumdayım, iyi değilim, üzgünüm, doğru mesaj bu değil," diyebiliriz ve eski tarzımıza geri döneriz. Ya da *Şüphe*'ye şöyle deriz: "O eski mesaj. Artık ihtiyacım kalmadı. Yeni mesaj bu." *Şüphe*'ye yeni bir dosya açmasını söyleriz, çünkü şimdiden sonra o dosyaya bir sürü sevgi mesajı girecektir. Şüpheyi düşman gibi değil, dost gibi görün ve sizi sorguladığı için teşekkür edin.

✣ ✣ ✣

Bu dünyada ne yaptığınız hiç fark etmez. Bir banka müdürü veya bir bulaşıkçı, bir ev hanımı ya da denizci olmanızın önemi yoktur. İçinizde, *evrensel gerçek* ile bağlantılı bir bilgelik vardır. Kendi içinize bakmaya ve "Bu deneyim bana ne öğretmeye çalışıyor?" diye sorduğunuzda, dinlemeye istekli olursanız, cevabı da alırsınız. Çoğumuz kendi beyaz dizimizi yaratmak için ortalıkta koşturmakla öylesine meşgulüz ki hiçbir şey duyamıyoruz.

Gücünüzü, başka insanların doğru ve yanlış resimlerine göre kullanmayın. Başkaları ancak onlara güç verdiğimiz ölçüde üzerimizde güç sahibi olurlar. Birçok kişi gücünü başkalarına verir. Bu birçok kültürde böyledir. Bizim kültürümüzde, kadınlar kendi güçlerini erkeklere verirler. "Kocam çalışmama izin vermiyor," gibi şeyler söylerler. Bu, kesinlikle gücünüzü başkasına vermektir. Buna inanırsanız, kendinizi başka biri izin vermediği sürece bir şey yapamayacağınız bir kutunun içine kapatırsınız. Ne kadar açık zihinli olursanız, o kadar çok öğrenirsiniz ve o kadar çok gelişip değişebilirsiniz.

Bir defasında bir kadın bana evlendiğinde çok sessiz olduğunu, çünkü böyle yetiştirildiğini söylemişti. Ama kendisini köşeye sıkışmış halde tutan şeyin kendi şartlandırması olduğunu anlaması için yıllar gerekti. Sorunları için herkesi – kocasını ve kocasının ailesini – suçluyordu. Zaman içinde kocasından boşandığında ise, hayatında düzgün gitmeyen birçok şey için kocasını suçlamaya devam etti. Kalıplarını değiştirip gücünü geri alması için on yıl geçmesi gerekti. İçten içe, kendi adına konuşmadığı ve kendini savunmadığı için, kendisinin sorumlu olduğunu anladı; sorumlu olanlar kocası veya kocasının ailesi değildi. Onlar, sadece onun kendi içinde hissettiği şeyleri yansıtıyorlardı; bir güçsüzlük duygusunu!

Okuduklarınıza dayanarak da gücünüzden vazgeçmeyin. Yıllar önce, ünlü bir dergide bir yazı okumuştum ve yazıda değinilen konuların her biri hakkında bir şeyler biliyordum. Bana göre, bilgi tamamen yanlıştı. Dergi gözümdeki tüm güvenilirliğini kaybetti ve yıllar boyunca bir daha hiç o dergiyi okumadım. Hayatınızın kontrolü sizin elinizde, dolayısıyla, matbaada basılan bir şeyin doğru olması gerektiği inancına kapılmayın.

Motivasyon konuşmacısı Terry Cole-Whittaker, *What You Think of Me Is None of My Business* (Hakkımda Ne Düşündüğün Beni İlgilendirmez) adında çok güzel bir kitap yazmıştı. Bu görüş kesinlikle doğru. Hakkımda ne düşündüğünüz, beni ilgilendirmez; o sizin kendi meselenizdir. Sonuçta, hakkımda düşündüğünüz şey, titreşimler halinde sizden çıkacak ve sonra da size geri dönecektir.

Aydınlandığımızda, yaptığımız şeyin farkına vardığımızda, hayatımızı değiştirmeye başlayabiliriz. Hayat gerçekten sizin lehinizedir. Sadece istemeniz yeterlidir. Hayata ne istediğinizi söyleyin ve sonra da iyi şeylerin olmasına izin verin.

2. KISIM

ENGELLERİ AŞMAK

İçimizde neler olup bittiğini bilmek isteriz,
böylece nelerden vazgeçebileceğimizi biliriz.
Acımızı gizlemek yerine, ondan
tamamen kurtulabiliriz.

5. BÖLÜM

SİZİ BAĞLAYAN ENGELLERİ ANLAMAK

Kronik içsel nefret, suçluluk ve içsel eleştiri kalıpları, vücudun stres seviyelerini yükseltir ve bağışıklık sistemini zayıflatır.

Şimdi içimizdeki güçle ilgili daha çok şeyi anladığımıza göre, bizi onu kullanmaktan alıkoyan şeylere bir bakalım. Bence neredeyse hepimizin o ya da bu şekilde engelleri vardır. Kendi üzerimizde bir sürü iş yapsak ve engelleri temizlesek bile, eski engellerin yeni katmanları gelmeye devam eder.

Birçoğumuz kendimizi o kadar kusurlu hissediyoruz ki yeterince iyi olmadığımıza ve asla olamayacağımıza inanıyoruz. Kendimizde yanlış bir şey bulduğumuzda, başka insanlarda da yanlışlar aramaya başlıyoruz. "Bunu yapamam, çünkü annem dedi ki... (veya) babam dedi ki..." Böylece asla büyüyemiyoruz.

Dolayısıyla artık engellerden kurtulmanın ve belki de daha önce bilmediğiniz şeyleri öğrenmenin zamanı geldi. Belki tek bir cümle, yeni bir düşünceyi tetikleyebilir.

Her gün geçmişi geride bırakmanıza ve hayatınızda uyum sağlamanıza yardımcı olacak yeni bir fikir öğrenseydiniz güzel olmaz mıydı? Hayatın bireysel sürecinin farkına varıp onu anladığınızda, hangi yöne gitmeniz gerektiğini de bileceksiniz. Enerjinizi kendiniz hakkında yeni şeyler öğrenmeye odaklarsanız, zaman içinde çözülmesi gereken o sorun ve meseleleri de göreceksiniz.

Hepimizin hayatta karşılaştığı zorluklar var. Bu normaldir. Kimse hayatını zorluklar olmadan sürdüremez; aksi takdirde, adına Okul denen bu okula gelmenin ne anlamı olurdu ki? Bazıları için sağlık sorunları, bazıları için ilişki sorunları, bazıları için kariyer veya finans sorunlarıdır. Bazıları hepsinden biraz yaşar.

Ama çoğumuzun hiçbir fikir sahibi olmadığı en büyük sorunlarımızdan birinin, neyi bırakmak istediğimizi bilmememiz olduğunu düşünüyorum. Neyin işe yaramadığını ve hayatımızda ne istediğimizi biliriz ama bizi neyin engellediğini bilmeyiz. Bu yüzden, artık bizi bağlayan engellere bir göz atmanın zamanı geldi.

✣ ✣ ✣

Kendi kalıplarınızı, sorunlarınızı ve önünüzdeki engelleri bir an için düşünürseniz, onları hangi sınıflara sokarsınız; *eleştiri* mi, *korku* mu, *suçluluk duygusu* mu, yoksa *kırgınlık* mı? Ben bu sınıflandırmalara *Büyük Dörtlü* diyorum. Sizin en sevdiğiniz hangisi? Benimki, eleştiriyle kırgınlığın bir karışımıdır. Belki siz de benim gibisinizdir ve iki ya da üçünden biraz vardır. Sürekli karşınıza çıkan şey korku mu, yoksa suçluluk duygusu mu? Çok eleştirel veya çok kırgın mısınız? Kırgınlığın, bastırılmış öfke olduğunu belirtmeme izin verin. Eğer öfkenizi ifade etmenize izin verilmediğini düşünüyorsanız, o zaman bol miktarda kırgınlık depolamışsınız demektir.

Duygularımızı inkar edemeyiz. Onlara aldırmazlık edemeyiz. Kanser teşhisim konduğunda, kendime çok dikkatli bakmak zorunda kalmıştım. Kendim hakkında itiraf etmek istemediğim bazı saçmalıkları kabul etmem gerekmişti. Örneğin, çok kırgın bir insandım ve geçmişten gelen çok miktarda kederim vardı. "Louise, artık onlarla uğraşmaya zamanın yok," dedim kendi kendime, "gerçekten değişmelisin." Ya da Peter McWilliams'ın dediği gibi: "Artık olumsuz düşünce sahibi olma lüksünüz yok."

Deneyimleriniz daima içsel inançlarınızı yansıtır. Deneyimlerinize bakabilir ve inançlarınızın ne olduğunu belirleyebilirsiniz. Belki bunu düşünmek rahatsız edici olabilir ama hayatınızdaki insanlara bakarsanız, hepsinin sizin kendiniz hakkındaki inançlarınızı yansıttıklarını görebilirsiniz. İşyerinde sürekli eleştiriliyorsanız, muhtemelen eleştirel olduğunuz ve bir zamanlar çocuğunu eleştiren ebeveynin yerini aldığınız içindir. Hayatımızdaki her şey, kim olduğumuzun bir yansımasıdır. Dışarıda rahat olmayan bir şeyler olduğunda, içimize bakıp şöyle diyebiliriz: "Bu deneyime nasıl katkıda bulunuyorum? İçimde, bunu hak ettiğime inanan şey ne?"

✣ ✣ ✣

Hepimizin aile kalıpları vardır ve başımıza gelen şeyler için ebeveynlerimizi, çocukluğumuzu veya ortamımızı suçlamak kolaydır ama bu, bizi bulunduğumuz yere sıkıştırır. Bir türlü özgür olamayız. Kendimizi kurban olarak görür, aynı sorunları tekrar tekrar yaşarız.

Dolayısıyla, başka birinin size ne yaptığının veya geçmişte size neler öğrettiklerinin bir önemi yoktur. Bugün yeni bir gündür. Artık kontrol sizdedir. Artık, hayatınızdaki ve dünyanızdaki geleceği yaratma zamanıdır. Benim ne söylediğimin de aslında bir önemi yoktur, çünkü işi sadece *siz* yapabilirsiniz. Düşünce, his ve eylem tarzınızı sadece siz değiştirebilirsiniz. Ben sadece bunu yapabileceğinizi söylüyorum. Kesinlikle yapabilirsiniz, çünkü içinizde, izin verdiğiniz takdirde sizi geçmişteki kalıplarınızdan özgür kılacak bir *yüksek güç* vardır.

Kendinize, küçük bir bebekken kendinizi olduğunuz gibi sevdiğinizi hatırlatabilirsiniz. Bedenini eleştirerek "Ah, kalçalarım çok büyük," diye düşünen bir bebek yoktur. Bebekler, bir bedenleri olduğu için heyecanlıdırlar. Duygularını ifade ederler. Bir bebek mutluyken bunu hemen anlarsınız ve bebek öfkelendiğinde, bütün mahalle bunu da hemen anlar. İnsanlara duygularını göstermekten asla korkmazlar. Anda yaşarlar. Siz de bir zamanlar öyleydiniz. Büyürken, etrafınızdaki insanları dinlediniz ve korkuyu, suçluluk duygusunu ve eleştiriyi onlardan öğrendiniz.

Eleştirinin normal olduğu bir ailede büyüdüyseniz, yetişkinliğe ulaştığınızda siz de eleştirel olursunuz. Öfkenizi ifade etmenize izin verilmeyen bir ailede büyüdüyseniz, muhtemelen biriyle yüzleşmekten, tartışmaktan, öfke gösterilerinden korkarsınız ve kendi öfkenizi bastırırsınız; sonuçta öfkeniz içinizde birikir.

Herkesin suçluluk duygusuyla yönetildiği bir ailede büyüdüyseniz, muhtemelen yetişkinliğinizde siz de aynı şekilde davranırsınız. Muhtemelen sürekli olarak "Özür dilerim," diyerek ortalıkta dolaşan birisinizdir ve asla bir şeyi doğrudan isteyemezsiniz. İstediğinizi elde etmek için o ya da bu şekilde insanları kullanmanız gerektiğini hissedersiniz.

Büyürken bu yanlış fikirleri benimser ve kendi *içsel bilgeliğimizle* bağlantımızı kaybederiz. Dolayısıyla, bu fikirleri serbest bırakmamız ve kendimizi gerçekten sevdiğimiz ruh saflığına geri dönmemiz gerekir. Hayatın harika masumiyetini ve anbean mutluluğunu yeniden yaratmamız gerekir; burada, bebeklerin hissettiği saf mutluluk ve heyecandan söz ediyorum.

✣ ✣ ✣

Kendiniz için nelerin gerçekleşmesini istediğinizi düşünün. Onları olumsuz değil, olumlu önermeler şeklinde ifade edin. Şimdi aynanın karşısına gidin ve olumlu ifadelerinizi tekrarlayın. Önünüzde hangi engellerin olduğunu görün. Olumlamanıza "Kendimi seviyor ve takdir ediyorum," gibi bir ifadeyle başladığınızda, zihninizde beliren olumsuz mesajlara dikkat edin, çünkü onlar sizin özgürlüğünüze açılan kapının anahtarı olacak. Genellikle, mesajlar daha önce sözünü ettiğim dört sınıftan birine girerler; eleştiri, korku, suçluluk duygusu veya kırgınlık. Çok büyük olasılıkla, bu mesajları "geçmişinizdeki" insanlardan öğrenmişsinizdir.

Bazılarınız bu yaşam süresinde çok zor görevler seçtiniz ve başkaları ne derlerse desinler veya ne yaparlarsa yapsınlar, buraya gerçekten kendimizi sevmeye geldiğimize inanıyorum. Her zaman için ebeveynlerimizin ve arkadaşlarımızın sınırlamalarının ötesine geçebiliriz. İyi bir çocuk olduysanız, ebeveynlerinizin hayata sınırlı bakış açılarını edinmişsinizdir. Gördüğünüz gibi, kötü değildiniz; tam aksine, ideal çocuktunuz. Sadece ebeveynlerinizin size öğrettiği şeyleri tam olarak öğrendiniz. Şimdi artık yetişkinliğe ulaştınız ve aynı şeyi kendiniz yapıyorsunuz. Küçüklüğünüzde ebeveynlerinizin söylediği türden şeyleri söylediğinizi fark ediyor musunuz? Tebrikler! Çok iyi öğretmen olmuşlar ve siz de iyi öğrenci olmuşsunuz ama artık kendi adınıza düşünmeye başlama zamanınız geldi.

Birçoğumuz aynaya bakıp önermeleri tekrarladığımızda dirençle karşılaşırız. Ama direnç, değişimin ilk adımıdır. Çoğumuz hayatımızın değişmesini isteriz ama bize farklı bir şey yapmamız söylendiğinde, "Kim, ben mi?" deriz. "Bunu yapmak istemiyorum ki."

Bazıları umutsuzluk duygusuyla boğuşabilirler. Aynaya baktığınızda ve "Seni seviyorum," dediğinizde, içinizdeki küçük çocuk şöyle der: "Bütün bu süre boyunca neredeydin? Beni fark etmeni bekliyordum." O küçük çocuğu çok ama çok uzun süre reddettiğiniz için içinizde hüzün dalgaları yükselir.

Bu egzersizi atölye çalışmalarımdan birinde yaparken, bir kadın çok ama çok korktuğunu söyledi. Kendisine onu neyin korkuttuğunu sorduğumda, bir ensest vakası yaşadığını açıkladı. Birçoğumuz bu deneyimi yaşadık ve üstesinden gelmeye çalışıyoruz. Gezegenimizde bu kadar sık tekrarlanması da ilginç bir durum. Bugünlerde bir sürü ensest haberi okuyoruz ama yine de, şimdilerde daha önce olduğundan daha sık olduğunu sanmıyorum. Sadece, çocukların hakları olduğunu hissettiğimiz bir aşamaya geldik ve artık toplumumuzdaki çirkinlikleri görmekten kendimizi alıkoyamıyoruz. Sorundan kurtulmak için, öncelikle onun varlığını kabul etmeli, sorunu tanımalı ve ondan sonra üzerinde çalışmalıyız.

Ensest vakası yaşayan kişilerde terapi çok önemlidir. Bu duygularla başa çıkabileceğimiz güvenli bir yere ihtiyacımız vardır. Öfkemizi ve utancımızı dışarı atabildiğimizde, kendimizi sevebileceğimiz daha fazla alan yaratabiliriz. Ne üzerinde çalışıyor olursak olalım, ortaya çıkan duyguların *sadece* duygu olduğunu hatırlamamız gerekir. Artık deneyimi yaşamıyoruz. İçimizdeki çocuğa kendini güvende hissettirmemiz gerek. Bu deneyimden sağ çıkacak cesarete sahip olduğumuz için kendimizi kutlamamız gerek. Bazen ensest gibi bir konuyla başa çıkmaya çalıştığımızda, karşımızdaki kişinin sahip olduğu bilgi, farkındalık ve anlayışla elinden gelenin en iyisini yaptığını kabul etmek zordur. Şiddet eylemleri, genellikle kendileri de şiddet kurbanı olan kişilerden gelir. Hepimizin iyileşmeye ihtiyacı vardır. Kendimizi olduğumuz gibi sevmeyi öğrendiğimizde, artık kimseye zarar vermeyiz.

Eleştirel Olmaktan Vazgeçin

Eleştirellikle uğraşırken, genellikle aynı şeyler yüzünden kendimizi tekrar tekrar eleştiririz. Ne zaman uyanacak ve eleştirilerin bir işe yaramadığını göreceğiz? Başka bir taktik deneyelim. Kendimizi şimdi olduğumuz gibi takdir edelim. Eleştirel insanlar genellikle çok fazla eleştiri alırlar, çünkü eleştirmek kendi davranış kalıplarıdır. Ne verirsek, onu alırız. Daima mükemmel olmaları da gerekir. Ama kim mükemmel ki? Siz hiç mükemmel biriyle karşılaştınız mı? Ben karşılaşmadım. Başka biri hakkında şikayet ediyorsak, genellikle kendi kişiliğimizin bir yönüyle ilgili şikayet ediyoruzdur.

Herkes bir yansımamızdır ve karşımızdaki kişide gördüğümüz şey, kendimizde gördüğümüz şeydir. Birçok kez, kişiliğimizin bazı yönlerini kabul etmek istemeyiz. Alkol, uyuşturucu, sigara veya aşırı yemekle kendimizi rahatsız ederiz. Bunlar, mükemmel olmadığımız için kendimizi cezalandırma yöntemlerimizdir; peki, kimin için mükemmel olmak? Hâlâ kimin taleplerini ve beklentilerini karşılamaya çalışıyoruz? Bütün bunlardan kurtulmaya çalışın. Buna *istekli olun.* Şu an için geçerli olduğu gibi, son derece harika bir insan olduğunuzu keşfedeceksiniz.

Bugüne kadar hayata hep olumsuz bakan eleştirel bir insan olduysanız, kendinizi daha sevgi dolu ve kabullenici bir insan haline getirmeniz bir hayli zaman alacaktır. Varlığınızın gerçekliği değil, sadece bir alışkanlıktan ibaret olan eleştirelliği bırakma egzersizleri yaparken kendinize karşı sabırlı olmayı öğreneceksiniz.

Hayatlarımızı hiç kimse tarafından eleştirilmeden yaşayabilseydik ne kadar harika olurdu, bunu düşünebiliyor musunuz? Kendimizi son derece rahat ve huzurlu hissederdik. Her sabah harika bir yeni gün olurdu, çünkü herkes sizi sever, kabul ederdi ve kimse sizi eleştirmez veya aşağılamazdı. Sizi eşsiz ve özel kılan şeyleri daha fazla kabullenerek, bu mutluluğu kendinize verebilirsiniz.

Kendinizle birlikte yaşama deneyimi, hayal edilebilecek en harika deneyim olabilir. Sabah uyandığınızda kendinizle birlikte geçireceğiniz yeni bir günün mutluluğunu hissedebilirsiniz.

Kendinizi olduğunuz gibi sevdiğinizde, otomatik bir şekilde kendi içinizdeki en iyiyi ortaya çıkarırsınız. Daha iyi biri olacağınızı söylemiyorum, çünkü bunu söylemek, şu anda yeterince iyi olmadığınızı ima etmek olur. Ama ihtiyaçlarınızı tatmin etmek ve gerçek kimliğinizi ifade etmek için daha olumlu yollar bulabilirsiniz.

Suçluluk Duygusu Bize Kendimizi Küçük Hissettirir

Birçok kez, insanlar size olumsuz mesajlar verirler, çünkü bu sizi kullanmanın en kolay yoludur. Biri size kendinizi suçlu hissettiriyorsa, kendinize şunu sorun:

"Bu kişi benden ne istiyor? Neden bunu yapıyor?" İçten içe "Evet, ben suçluyum, söylediği şeyi yapmalıyım," demek yerine, bu soruları sorun.

Birçok ebeveyn, kendisi de aynı şekilde yetiştirildiği için, çocuklarını suçluluk duygusuyla kontrol altına almaya çalışır. Kendilerini daha değersiz hissettirmek için çocuklarına yalan söylerler. Bazı insanlar, yetişkinliğe ulaştıklarında hâlâ akrabaları ve arkadaşları tarafından kontrol edilirler, çünkü her şeyden önce kendilerine saygı duymazlar; aksi takdirde, bunun olmasına izin vermeyeceklerdir. İkincisi, kendileri de aynı şeyi yapmaktadırlar.

Birçoğunuz bir suçluluk bulutu altında yaşıyorsunuz. Her zaman kendinizi hatalı hissediyorsunuz; doğru şeyi yapmıyormuşsunuz gibi geliyor; bir şey için birinden özür diliyorsunuz. Geçmişte yaptığınız bir şey için kendinizi bağışlamıyorsunuz. Kendinizi sürekli hırpalayıp duruyorsunuz. O suçluluk bulutunun dağılmasına izin verin. Artık o şekilde yaşamak zorunda değilsiniz.

Kendilerini suçlu hissedenler artık hayır demeyi ve insanlara saçmalıklarını göstermeyi öğrenebilirler. Onlara kızgın olmanız gerektiğini söylemiyorum; sadece, artık onların oyunlarını oynamak zorunda değilsiniz. "Hayır" demek sizin için yeni bir şeyse, çok basit bir şekilde söyleyin: "Hayır. Hayır, bunu yapamam." Bahaneler sunmayın, yoksa karşınızdaki kişiye sizi kararınızdan döndürmek için fırsat vermiş olursunuz. İnsanlar sizi kontrol etmeye çalışmanın işe yaramadığını gördüklerinde dururlar. İnsanlar sizi ancak izin verdiğiniz ölçüde kontrol edebilirler. İlk kez hayır dediğinizde kendinizi suçlu hissedebilirsiniz ama birkaç kez tekrarladıktan sonra giderek kolaylaştığını görürsünüz.

✣ ✣ ✣

Konferanslarımdan birine katılan bir kadının, doğuştan kalp rahat-sızlığı olan bir bebeği vardı. Bunun kendi hatası olduğuna inandığı için, kadın suçluluk duyuyordu; bebeğe bir şey yapmıştı. Ne yazık ki suçluluk duygusu hiçbir şeyi çözmez. Onun durumunda, kimse yanlış bir şey yapmış filan değildi. Ona bunun bebek için ruhsal bir tercih olabileceğini ve bu durumda hem anne hem de bebek için bir ders bulunabileceğini söyledim. Ona bebeği ve kendisini sevmesini, yanlış bir şey yaptığı duygusundan kurtulmasını söyledim. Bu türde bir suçluluk duygusu, kimseyi iyileştirmez.

Üzüntü duyduğunuz bir şey yapıyorsanız, onu yapmaktan vazgeçin. Geçmişte, kendinizi hâlâ suçlu hissettiğiniz bir şey yaptıysanız, kendinizi bağışlayın. Eğer durumu onarmak için yapabileceğiniz bir şeyler varsa yapın ve davranışı bir daha tekrarlamayın. Suçluluk duygunuz dirildiği her seferinde kendinize şunu sorun: "Kendim hakkında hâlâ neye inanıyorum?" "Kimi memnun etmeye çalışıyorum?" Çocukluk inançlarınızın yüzeye çıktığını fark edeceksiniz.

Trafik kazası geçirmiş biri bana geldiğinde, genellikle derin seviyede bir suçluluk duygusu ve bir cezalandırılma ihtiyacı vardır. Büyük miktarda bastırılmış düşmanlık da olabilir, çünkü kendi adımıza konuşma hakkımız olmadığını hissederiz. Suçluluk duygusu ceza arar, dolayısıyla kendi yargıcımız, jürimiz ve celladımız oluruz; kendimizi kendi yarattığımız bir hapishaneye mahkum ederiz. Kendimizi cezalandırırız ve bizi savunmaya gelecek hiç kimse yoktur. Artık kendimizi bağışlama ve özgür bırakma zamanı geldi.

✣ ✣ ✣

Seminerlerimden birinde yaşlıca bir hanım, orta yaştaki oğlu için kendini korkunç derecede suçlu hissediyordu. Adam tek çocuk olarak büyümüştü ve yetişme tarzı yüzünden çok içine kapanık biri olmuştu. Kadın suçluluk duyuyordu, çünkü oğlunu büyütürken ona karşı çok katı davranmıştı. Kadına o zaman için bildikleri doğrultusunda elinden gelenin en iyisini yaptığını açıkladım. Bu yaşam süresinde enkarne olmadan önce onu annesi olarak seçtiğini ve dolayısıyla, ruhsal seviyede, ne yaptığını bildiğini söyledim. Kadına artık değiştiremeyeceği bir şey için suçluluk duyarak enerjisini boşa harcadığını açıkladım. "Onu bu şekilde görmek utanç verici," diyerek iç çekti, "kötü bir anne olduğum için çok üzülüyorum."

Gördüğünüz gibi, bu boşa harcanan enerjidir, çünkü ne oğluna ne de kadının kendisine bir yararı vardır. Suçluluk duygusu zamanla ağır bir yük haline gelir ve insanlara kendilerini küçük hissettirir.

Bunun yerine, kadına bu duyguyu hissettiği her seferinde "Hayır, artık bu şekilde hissetmek istemiyorum," diyebileceğini söyledim. "Kendimi sevmeyi öğrenmek istiyorum. Oğlumu olduğu gibi kabul ediyorum." Eğer bunu sürekli yaparsa, kalıp değişmeye başlar.

Kendimizi sevmeyi bilmiyorsak bile, kendimizi sevmeye istekli olduğumuz gerçeği, bir farklılık yaratacaktır. Eski kalıplara bağlı kalmanın bir anlamı yoktur. Ders daima kendini sevmektir. Kadının dersi oğlunu iyileştirmek değil, kendini sevmekti. Oğlu bu hayata kendini sevmek için gelmişti. Ne kadın bunu oğlunun yerine yapabilir, ne de oğlu bunu annesinin yerine yapabilirdi.

✣ ✣ ✣

Kurumsal dinler genellikle insanlara kendilerini suçlu hissettirirler. Birçoğu, bunu çok sayıda insanı hizada tutmak için yapar; özellikle de gençken. Ama artık o küçük çocuklar değiliz ve hizada tutulmak istemiyoruz. Artık, neye inanmak istediğimize karar verebilecek yetişkinleriz. İçimizdeki çocuk suçluluk duyar ama aynı zamanda, çocuğa bunun aksini öğretebilecek bir yetişkin de vardır.

Duygularınızı bastırdığınızda veya bir şeylere tutunduğunuzda, kendi içinizde bir kargaşa yaratırsınız. Duygularınızı hissetmekte özgür olabilmek için kendinizi sevin. Duygularınızın yüzeye çıkmasına izin verin. Kendinizi günler boyunca ağlarken veya çok sık öfkelenirken bulabilirsiniz. Eski malzemelerin büyük kısmını elden geçirmek zorundasınız. Size süreci daha kolay, daha sorunsuz, daha rahat hale getirecek olumlu ifadeler kullanmanızı tavsiye ederim:

- *"Eski olumsuz inançlarımın hepsinden kurtuluyorum."*
- *"Benim için değişmek son derece rahatlık verici."*
- *"Yolum artık sonuna kadar açık."*
- *"Geçmişi arkamda bırakabilirim."*

Duygularınıza yargıyı da eklemeyin. Bu sadece duygularınızı daha fazla bastırmanıza neden olur. İnanılmaz ikilemler veya krizler yaşayacaksanız, güvende olduğunuzu ve hissetmek istediğinizi kendi içinizden sürekli tekrarlayın. Bu olumlu duyguları onaylamak, size yararlı değişimler getirecektir.

6. BÖLÜM

DUYGULARINIZI DIŞAVURMAK

Yaşantımızdaki trajedilerden
ders alarak olgunlaşabiliriz.

Öfkeyi Olumlu Şekillerde Dışavurmak

Herkes hayatının belli bir noktasında öfke duyar. Öfke, dürüst bir duygudur. İfade edilmediğinde veya dışavurulmadığında, içe yansır, bedende birikir ve genellikle bir tür rahat-sızlık olarak ifadesini bulur.

Eleştirellik gibi, genellikle aynı konular üzerinde öfkelenir dururuz. Öfkelendiğimizde ve öfkemizi ifade etmeye hakkımız olmadığına inandığımızda, öfkemizi yutarız; bu, kırgınlığa, üzüntüye veya depresyona yol açar. Dolayısıyla, öfkemizle ortaya çıktığı zaman ilgilenmek en doğrusudur.

Öfkeyle olumlu şekilde başa çıkmanın çok çeşitli yolları vardır. En iyi yöntemlerden biri, öfkeli olduğunuz kişiyle açıkça konuşmak ve birikmiş duyguları serbest bırakmaktır. Şöyle diyebilirsiniz: "Sana karşı öfkeliyim, çünkü ______________." İçimizden birine bağırmak geldiğinde, öfkemiz uzun süredir birikmiş demektir. Bunun nedeni genellikle karşımızdaki kişiyle konuşamayacağımızı hissetmemizdir. Dolayısıyla, öfkemizi salıvermenin en iyi ikinci yolu, o kişiyle aynada konuşmaktır.

Kendinize güvenli ve rahatsız edilmeyeceğiniz bir yer bulun. Aynada kendi gözlerinize bakın. Bakmakta zorlandığınızı hissederseniz, ağzınıza veya burnunuza odaklanın. Size karşı hata yaptığına inandığınız kişiyi ve/veya kendinizi görün. Öfkelendiğiniz anı hatırlayın ve öfkenizin içinizden akmasına izin verin. Bu kişiye tam olarak ne hakkında öfkeli olduğunuzu söyleyin. Hissettiğiniz bütün öfkeyi gösterin. Şöyle şeyler söyleyebilirsiniz:

- *"Sana öfkeliyim, çünkü ______________."*
- *"Kırgınım, çünkü sen ______________ yaptın."*
- *"Çok korkuyorum, çünkü sen ______________."*

Bütün duygularınızı dışarı atın. Kendinizi fiziksel olarak ifade etmek istiyorsanız, birkaç yastık alın ve onlara vurmaya başlayın. Öfkenizin doğallıkla akmasından korkmayın. Duygularınızı yeteri kadar içinizde tuttunuz zaten. Suçluluk duymanıza veya utanmanıza gerek yok. Unutmayın, duygularınız eyleme dökülmüş düşüncelerdir. Bir amaçları vardır ve onları zihninizden ve bedeninizden attığınızda, daha olumlu başka deneyimler için yer açarsınız.

Bir kişi ya da kişilerle ilgili öfkenizi ifade etmeyi bitirdiğinizde, onları bağışlamak için elinizden geleni yapın. Bağışlamak, kendiniz için bir özgürlük hareketidir, çünkü sonuçta yarar görecek olan kişi kendinizsinizdir. Birini bağışlayamıyorsanız, egzersiz sadece olumsuz bir ifade olarak kalır ve sizin için iyileştirici etki yapmaz. Eski öfkeleri *serbest bırakmak* ve *yeniden yaşamak* arasında fark vardır. Şöyle sözler söyleyebilirsiniz:

"Pekala, bu konu kapandı. Artık geçmişte kaldı. Davranışını onaylamıyorum ama sahip olduğun bilgi ve anlayışla elinden gelenin en iyisini yaptığını biliyorum. Ben artık bunu geride bıraktım. Seni serbest bırakıyor ve gitmene izin veriyorum. Sen özgürsün ve ben de özgürüm."

Bütün öfkenizden gerçekten kurtulduğunuza emin olana kadar, bu egzersizi birkaç kez yapmanız gerekebilir. Bir kerede sadece bir ya da birkaç öfke konusu üzerinde de çalışabilirsiniz. Kendiniz için uygun olanı yapın.

✤ ✤ ✤

Öfkeyi serbest bırakmak için kullanılabilecek başka yöntemler de vardır. Bir yastığa bağırabilir, birkaç yastığı tekmeleyebilir, yatağa veya bir kum torbasına vurabiliriz. Bir *nefret mektubu* yazıp, sonra da yakabiliriz. Arabamızdayken camları kapatıp bağırabiliriz. Tenis oynayabilir, golf sahasına giderek toplara birbiri ardına vurabiliriz. Egzersiz yapabilir, yüzebilir, oturduğumuz mahallenin etrafında birkaç tur koşabiliriz. Normalde kullanmadığımız elimizle (örneğin, solaksak sağ elimizle) duygularımızı yazabilir veya çizebiliriz; yaratım süreci, doğal bir duygu boşaltma yöntemidir.

Seminerime katılan bir adam, bir yastığa bağırmaya başladığında bir alarmlı saat kullandığını söylemişti. Kendine babasıyla ilgili öfkesini boşaltmak ve rahatlamak için on dakika veriyordu. Beş dakika sonra enerjisi tükeniyordu ve her otuz saniyede bir saate bakarak birkaç dakikası daha kaldığını görüyordu.

Ben daha önceleri yatağa vurur ve çok fazla gürültü yapardım. Ama köpeklerim korktuğu ve onlara bağırdığımı sandıkları için artık bunu yapamıyorum. Ama arabamdayken bağırmayı veya bahçemde bir çukur kazmayı çok etkili buluyorum.

Gördüğünüz gibi, konu duygularınızı serbest bırakmaya geldiğinde, bir hayli yaratıcı olabilirsiniz. Biriken duygularınızı serbest bırakmak için fiziksel bir şeyler yapmanızı tavsiye ederim; elbette ki güvenli bir şekilde. Kendinize veya başkalarına karşı umursamaz ya da tehlikeli davranmayın. Ayrıca, "Yüksek Gücünüz" ile iletişim kurmayı da unutmayın. İçe dönün ve öfkenizin bir cevabı olduğunu, onu bulacağınızı bilin. Meditasyon yapmak ve öfkenizin vücudunuzdan serbestçe akıp gittiğini zihninizde canlandırmak da çok iyileştiricidir. Diğer kişiye sevgi gönderin ve aranızdaki uyumsuzluğun çözüldüğünü hayal edin. Uyumlu olmayı isteyin. Belki de hissettiğiniz öfke, başkalarıyla yeterince iyi iletişim kuramadığınızı gösteren bir hatırlatma olabilir. Bunu tanıyarak düzeltebilirsiniz.

Başka birine karşı öfkelerini serbest bıraktıklarında insanların ne kadar mutlu olduğunu görmek inanılmaz. Sanki üstlerinden büyük bir yük kalkmış gibi oluyor. Öğrencilerimden biri, öfkesini serbest bırakmakta çok zorlanıyordu. Entelektüel olarak duygularını anlıyordu ama onları dış dünyaya ifade edemiyordu. Bir kez kendisine ifade etme izni verdiğinde, oraya buraya tekmeler savurdu, çığlıklar attı, annesine ve alkolik kızına (hayalinde) ağza alınmayacak şeyler haykırdı. Üzerinden muazzam bir yük kalkmıştı. Daha sonra kızı kendisini ziyaret ettiğinde, ona sarılmadan duramıyordu, çünkü daha önce bastırdığı öfkesinin bulunduğu yer, şimdi muazzam bir sevgiyi almak üzere boş kalmıştı.

✣ ✣ ✣

Belki hayatının büyük bölümünde öfkeyle yaşamış biri olabilirsiniz. Sizde *öfke alışkanlığı* dediğim şey olabilir. Bir şey olur ve öfkelenirsiniz. Sonra başka bir şey olur ve yine öfkelenirsiniz. Bir kez daha olduğunda, yine öfkelenirsiniz ama asla öfkenin ötesine geçmezsiniz. Öfke alışkanlığı çocukçadır; daima kendi bildiğinizi okumak ve her şeyin istediğiniz gibi olmasını istersiniz. Böyle durumlarda kendinize şu soruları sormanız yararlı olabilir:

- *"Neden sürekli öfkeli olmayı seçiyorum?"*
- *"Beni öfkelendiren durumları peş peşe yaratmak için ne yapıyorum?"*
- *"Hayata sadece bu şekilde mi tepki verebiliyorum?"*
- *"İstediğim şey bu mu?"*
- *"Hâlâ kimi cezalandırıyorum? Ya da seviyorum?"*
- *"Neden bu durumda olmak istiyorum?"*
- *"Bütün bu öfkelere neyin neden olduğuna inanıyorum?"*
- *"Başkalarında beni öfkelendirme ihtiyacı yaratmak için ne yayıyorum?"*

Diğer bir deyişle, istediğinizi elde etmek için neden öfkelenmeniz gerektiğine inanıyorsunuz? Hayatta haksızlıklar olmadığını ve gerçekten öfkenizi haklı çıkaracak anlar olmadığını söylemiyorum. Ama öfke alışkanlığı bedeniniz için iyi değildir, çünkü orada kalır ve birikir.

Çoğu zaman neye odaklandığınıza dikkat edin. On dakika boyunca bir aynanın karşısında oturun ve kendinize bakın. Şöyle sorun: "Sen kimsin? İstediğin nedir? Seni mutlu eden şey nedir? Seni mutlu etmek için ne yapabilirim?" Şimdi sıra başka bir şey yapmaya geldi. İçinizde sevgi dolu, iyimser ve neşeli kalıplar yaratmak için yer açın.

✣ ✣ ✣

İnsanlar araba kullanırken sık sık öfkelenirler ve yoldaki kötü sürücülere karşı öfkelerini ifade ederler. Uzun zaman önce, başka birinin trafik kurallarına uyamaması yüzünden öfkelenmeme gerek olmadığını fark ettim. Bu yüzden, araba kullanma konusuna şöyle yaklaşıyorum: Önce, arabama bindiğimde ona sevgi yöneltiyorum. Sonra, daima harika, yetkin ve mutlu sürücülerle sarılı olduğumu varsayıyorum, biliyorum ve onaylıyorum. Etrafımdaki herkes iyi bir sürücüdür. Yoldayken benimsediğim inançlar ve önermeler yüzünden, çok ender kötü sürücülerle karşılaşıyorum, çünkü çoğu yumruğunu sallayarak bağırıp çağıran sürücüleri rahatsız etmekle meşgul oluyorlar.

✤ ✤ ✤

Arabanız sizin bir uzantınızdır; tıpkı her şeyin ve herkesin birer uzantınız olduğu gibi. Dolayısıyla, arabanıza sevgi yöneltin ve yoldayken etrafınızdaki herkese sevgi yollayın. Arabanızın parçalarının bedeninizin parçalarına biraz benzediğine inanıyorum.

Örneğin, çalışanlarımdan biri "vizyonu" olmadığını, hayatta nereye gittiğini veya nereye gitmesini istediğini göremediğini söylüyordu. Bir sabah uyandığında, ön camının parçalanmış olduğunu gördü. Bir arkadaşım hayatının "takılıp kaldığını" hissediyordu. Ne ileri ne de geri gidebildiğini, hiçbir şekilde hareket edemediğini söylüyordu. Lastiği patladı ve olduğu yerde kaldı. Başlangıçta kulağa gülünç geldiğini biliyorum ama bu iki insanın zihinsel durumlarını ifade edişleriyle arabalarına olanlar arasındaki benzerlikler çok şaşırtıcı. "Vizyonunuz olmaması," önünüzü göremediğiniz anlamına gelir; bu durumda ön cam mükemmel bir metafordur. Aynı şekilde, "hayatta takılıp kalmak" da patlak lastikle örtüşebilir. Bir dahaki sefere arabanıza bir şey olduğunda, kırık parçanın sizin için ne anlama geldiğini düşünün ve o anda kendinizi nasıl hissettiğinizle bir bağlantı kurup kuramadığınıza bakın; sonuçlar sizi çok şaşırtabilir. Bir gün "*Otomobilinizi İyileştirin*" adında bir kitap yazmayı düşünüyorum.

Bir zamanlar insanlar beden/zihin arasındaki bağlantıyı anlamıyordu. Şimdi, düşüncemizi daha da genişletme ve makine/zihin bağlantısını anlama zamanımız geldi. Hayatta karşılaşılan her durum bir öğrenme sürecidir ve işinize yarayacak şekilde kullanılabilir.

✣ ✣ ✣

Öfkeyle ilgili eşsiz veya yeni bir şey yoktur. Kimse bu deneyimden kaçamaz. Asıl anahtar, ne olduğunu anlamak ve enerjiyi daha sağlıklı bir yöne kaydırmaktır. Hastalanırsanız, öfkelenmeyin. Öfkenizi bedeninize doldurmak yerine, içinizi sevgiyle doldurun ve kendinizi bağışlayın. Hasta insanlarla ilgilenenler de kendilerine iyi bakmalıdır. Yoksa kendilerine, dostlarına veya ailelerine yararlı olamaz, tükenirler. Duygularınızı serbest bırakmak için bir şeyler yapın. Öfkeyle size yararlı olacak şekilde başa çıkmayı öğrendiğinizde, yaşam kalitenizde muhteşem değişikliklerle karşılaşacaksınız.

Kırgınlık Çok Çeşitli Hastalıklara Yol Açar

Kırgınlık, uzun zaman boyunca gömülü kalarak birikmiş olan öfkedir. Kırgınlıkla ilgili temel sorun, bedende genellikle aynı yerde kalması ve zaman içinde bedeni kemirerek sık sık tümörlere ve kansere dönüşmesidir. Dolayısıyla, öfkeyi bastırmak ve bedende tutmak, sağlık için kesinlikle iyi değildir. Yine, bu duyguları salıverme zamanı gelmiştir.

Birçoğumuz, öfkeli olmamıza izin verilmeyen ailelerde büyüdük. Özelliklere kadınlara öfkeli olmanın *kötü* bir şey olduğu öğretildi. Öfke, tek bir kişi dışında kabul edilebilir bir şey değildi ve o da genellikle bir ebeveyndi. Dolayısıyla, öfkemizi ifade etmek yerine bastırmayı öğrendik. Ama artık ona tutunanların kendimiz olduğunu anlayabiliriz. Bu işe karışan başka kimse yok.

Bir istiridye, içine bir kum tanesi alır ve üstünü tabaka tabaka kalsitle kaplar; ta ki güzel bir inciye dönüşene kadar. Aynı şekilde, biz de duygusal kırgınlıklarımızı alır, onları tekrar tekrar besleyip geliştirir, eski bir filmi zihnimizde tekrar tekrar oynatırız. Kırgınlıklarımızdan kurtulmak, onlardan özgür olmak istiyorsak, artık onların ötesine geçmek zorundayız.

Kadınların rahim bölgesinde kist ve tümör yaratmasının bir nedeni, *bana karşı hata yaptı sendromu*dur. Cinsel organlar, bedenin ya en eril tarafını – eril prensip – ya da en dişil tarafını – dişil prensip – temsil eder. İnsanlar duygusal krizler yaşadığında – genellikle ilişkilerinde – enerji bu bölgelere taşınır. Kadınlarda, en dişil bölgeleri olan dişilik organlarında toplanabilir ve bir kiste veya tümöre dönüşene kadar kırgınlığı güçlendirebilir.

✣ ✣ ✣

Kırgınlık içimizde çok derinlere gömüldüğünden, dağılması için çok çalışmamız gerekebilir. Bir defasında, üçüncü kanser tümörü üzerinde çalışan bir kadından bir mektup almıştım. Hâlâ kırgınlıklarından kurtulamamıştı ve bedeninde yeni tümörler yaratmaya devam ediyordu. Kırgınlığıyla ilgili kendini kesinlikle haklı bulduğunu görebiliyordum. Bağışlama konusunda çabalamak yerine, doktorun en son tümörü almasına izin vermek daha kolay geliyordu. İkisini birden yapabilse daha iyi olacaktı. Doktorlar tümörleri ve kistleri almak konusunda başarılı olabilirler ama onların yeniden oluşmasını önlemek kendi sorumluluğumuzdur.

Bazen kalıplarımızı değiştirmektense ölmeyi tercih ederiz. Bunu yaparız da. Birçok kişinin, beslenme ve yeme alışkanlıklarını değiştirmektense ölmeyi tercih ettiklerini gözlemledim. Bunu gerçekten yapıyorlar. Bu, sevdiğimiz birinin başına geldiğinde ve ellerindeki diğer alternatifleri bildiğimizde çok rahatsız edicidir.

Ne tercihler yaparsak yapalım, bizim için daima doğrudurlar ve gezegenden ayrılsak bile kimse suçlanamaz. Hepimiz zamanı geldiğinde bu gezegenden ayrılacağız ve hepimiz doğru zamanda bunu yapmanın bir yolunu bulacağız.

Yine, yanlış yapmak veya başarısız olmaktan dolayı kendimizi suçlamamalıyız. Kendimizi suçlu hissetmemiz gerekmez. Suçlanacak kimse ya da suçlayacak bir şey yoktur. Kimse bir şeyi yanlış filan yapmış değildir. Kişi, sahip olduğu anlayış ve bilgiyle elinden gelenin en iyisini yapmıştır. Unutmayın, *güç* hepimizin içinde ve hepimiz buraya belli dersleri öğrenmeye geldik. "Yüksek benliklerimiz" bu yaşamdaki kaderimizi ve evrim sürecimizde ilerlemek için neleri öğrenmemiz gerektiğini bilir. Asla yanlış bir yol yoktur. Hepimiz sonsuz bir yolculuktayız ve ömür üzerine ömür yaşıyoruz. Bu yaşam süremizde çözemediklerimizi bir başka yaşam süresinde çözeceğimize inanıyorum.

Bastırılmış Duygular Depresyona Yol Açar

Depresyon, içe dönmüş öfkedir. Aynı zamanda, hissetmeye hakkınız olmadığını hissettiğiniz bir öfkedir. Örneğin, eşinize, ebeveyninize, işvereninize veya en iyi arkadaşınıza öfke duymanın doğru olmadığına inanıyor olabilirsiniz. Yine de öfkelenirsiniz ve kendinizi kapana kısılmış hissedersiniz. Öfkeniz depresyona dönüşür. Bugün çok sayıda insan depresyon ve hatta kronik depresyon sıkıntısıyla karşı karşıyadır. Kendimizi depresif hissettiğimizde, ondan kurtulmak çok zordur. Kendimizi öylesine umutsuz hissederiz ki herhangi bir şey yapmak çok zor gelir.

Ne kadar ruhsal olduğunuzun bir önemi yok, belli aralıklarla herkes bulaşıklarını yıkamak zorundadır. Mutfak lavabonuzun kirli bulaşıklarla dolmasına izin verip de, "Ah, ben metafiziksel biriyim," diyemezsiniz. Aynı şey duygularınız için de geçerlidir; eğer özgürce akan bir zihin istiyorsanız, içsel zihninizdeki *bulaşıkları* yıkayın.

Bunu yapmanın en iyi yollarından biri, depresif durumda kalmamak için öfkenizin bir kısmını ifade etmek için kendinize izin vermektir. Günümüzde, öfke boşaltma konusunda uzmanlaşan terapistler var. Onlardan biriyle bir-iki seans yapmak çok yararlı olabilir.

Kişisel olarak, kendimizi öfkeli hissedelim ya da hissetmeyelim, hepimizin haftada bir yatağı yumruklamamız veya tekmelememiz gerektiğine inanıyorum. Sizi öfkeniz üzerinde çalışmaya teşvik edecek bazı terapistler var ama genellikle, bu uzmanların sizi öfke sürecinde çok uzun süre tuttuklarını düşünüyorum. Yüzeye çıkan diğer birçok duygu gibi, öfke de sadece birkaç dakika sürer. Bebekler duygu durumlarına çok çabuk girip çıkarlar. Ama bir duyguyu tutup bastırmamıza neden olan şey, ona verdiğimiz tepkidir.

Yazar Elisabeth Kübler-Ross, seminerlerinde adına *dışavurum* dediği harika bir egzersiz kullanır. Size bir parça lastik hortum ve birkaç eski telefon rehberi vererek, onlara tekrar tekrar vurmanızı ve her türlü duygunuzu dışarı atmanızı ister.

Öfkenizi serbest bırakırken, bu konuda utanmak da son derece normaldir; özellikle de öfkelenmek aile kurallarınıza aykırıysa. İlk kez yaptığınızda utanabilirsiniz ama alıştığınızda, çok eğlenceli ve çok etkili olabilir. Tanrı, öfkelendiğiniz için sizden nefret etmeyecek. Bir kez eski öfkenizi kustuğunuzda, durumunuzu yeni bir açıdan değerlendirebilir ve yeni çözümler bulabilirsiniz.

Depresif birine sunmak istediğim önerilerden bir diğeri, iyi bir beslenme uzmanıyla çalışmak ve beslenme alışkanlıklarınızı iyice elden geçirmektir. Bunun zihne nasıl yardımcı olduğunu gördüğünüzde şaşıracaksınız. Depresif insanlar genellikle zayıf beslenirler ve bu durum, sorunlarını daha da büyütür. Hepimiz, yediklerimizin bedenimize yararlı olması için en iyi tercihleri yapmak isteriz. Ayrıca, herhangi bir türde ilaç kullanmak yüzünden bedenin kimyasal dengesinde bozulma olduğunu da sık görürüz.

Yeniden doğum da duygularınızı serbest bırakmak için harika bir yöntemdir, çünkü mantığın ve bilincin ötesine geçer. Eğer daha önce hiç yeniden doğum seansı yapmadıysanız, size denemenizi öneririm. Birçok kişiye yardımcı olduğunu gördüm. Bu, olumlu bir şekilde serbest bırakabilmeniz için eski sorunlarla yeniden bağlantı kurmanızı sağlayan bir nefes kontrolü yöntemidir. Bazı yeniden doğum uzmanları, bu süreç içinde size olumlu ifadeleri tekrarlatırlar.

Ayrıca, Ida Rolfun geliştirdiği Rolfing, Heller veya Trager gibi derin bağlantılı doku manipülasyonu yöntemleri de vardır. Hepsi de bedende sınırlayıcı kalıplardan kurtulmak için harika yöntemlerdir. Bir süreç bir kişi için iyi olabilir ama bir başkası için işe yaramayabilir. Kendimiz için iyi olanı ancak farklı yöntemleri deneyerek bulabiliriz.

Kitabevlerindeki kişisel gelişim reyonları da farklı alternatifler öğrenmek için ideal yerlerdir. Sağlıklı yiyeceklerin bulunduğu mağazalarda genellikle toplantı ve kursları listeleyen panolar vardır. Unutmayın: Öğrenci hazır olduğunda, öğretmen gelecektir.

Korku, Güvensizliktir

Korku gezegende kol geziyor. Her gün gazete, radyo ve televizyon haberlerinde korkuyu savaşlar, cinayetler, açgözlülük vs. şekillerinde görebilirsiniz. Korku, kendimize yeterince güvenmememizden kaynaklanır. Kendimize güvenmediğimiz için, hayata da güvenmeyiz. Daha yüksek seviyelerde bizimle ilgilenileceğine güvenmeyiz ve bu yüzden, fiziksel seviyede her şeyi kontrol etmemiz gerektiğini hissederiz. Tahmin edeceğiniz gibi, hayatımızdaki her şeyi kontrol edemeyeceğimiz için de korku duyarız.

Güven, korkularımızı aşmak istediğimiz zaman öğrendiğimiz şeydir. Buna *inanç sıçraması* gerçekleştirmek denir. *Evrensel zeka* ile bağlantıda olan içinizdeki *güce* güvenin. Sadece fiziksel, maddi dünyaya güvenmek yerine, görünmez olana güvenin. Hiçbir şey yapmayalım demiyorum elbette ama güvenirsek, hayatta çok daha kolay akabiliriz. Daha önce söylediklerimi hatırlayın; bilmem gereken her şeyin bana açıklanacağına inandığımı söylemiştim. Benimle ilgilenildiğine inanıyorum; hatta etrafımda olup biten her şeyi fiziksel olarak kontrol edemesem bile.

Zihninizde korku verici bir düşünce belirdiğinde, aslında sizi korumaya çalışmaktadır. Korkuya şöyle deyin: "Beni korumak istediğini biliyorum. Bana yardım etmek istediğinin farkındayım ve sana teşekkür ederim." Korku verici düşünceyi algılayın ve varlığını kabul edin; sizinle ilgilenmek için oradadır. Fiziksel bir korkuya kapıldığınızda, tehlikeden korunmanıza yardımcı olması için vücudunuzda adrenalin pompalanır. Bu, zihninizde ürettiğiniz korkuyla aynıdır.

Korkularınızı gözlemleyin ve onlarla aynı şey olmadığınızı bilin. Korkuyu, ekrandaki bir filmin görüntüsü gibi düşünün. Ekranda gördüğünüz şey gerçekte orada değildir. Hareketli resimler sadece selüloit kareleridir ve çok hızlı bir şekilde değişip kaybolurlar. Korkularımız da o resimler gibi hızlı bir şekilde gelip gider; tabii onlara tutunmak konusunda ısrarcı olmadığımız sürece.

✣ ✣ ✣

Korku, zihinlerimizin bir sınırlamasıdır. İnsanlar hasta olmaktan, evsiz kalmaktan vs. çok fazla korkarlar. Öfke, korkunun savunma mekanizmasına dönüşmesidir. Sizi korur ama zihninizde korku verici durumları tekrar tekrar yaratmamak için olumlu ifadeler kullanmanız ve kendinizi sevmeniz gereklidir. Yine, bizim dışımızdan gelen bir şey yoktur. Hepimiz hayatlarımızda başımıza gelen her şeyin merkezindeyiz. Her şey içeridedir; her deneyim, her ilişki, içimizdeki bir zihinsel kalıbın aynasıdır.

Korku, sevginin karşıtıdır. Kendimizi sevmeye ve kendimize güvenmeye ne kadar istekli olursak, bu nitelikleri kendimize o kadar çok çekeriz. Sürekli olarak korktuğumuzda, üzgün olduğumuzda, endişelendiğimizde veya kendimizden hoşlanmadığımızda, hayatımızda her şeyin ters gittiğini görmek şaşırtıcı değil midir? Her şey peş peşe gelir. Hiç durmayacak gibidir.

Kendimizi gerçekten sevdiğimizde de aynı şey geçerlidir. Bütün iyi şeyler peş peşe gelir ve her yerde "yeşil ışıklar" ve "park yerleri" ile karşılaşırız. Hayatı harika kılan her şey büyüklü küçüklü önümüze serilir. Sabahları kalkarız ve günümüz harika bir şekilde akar.

Kendinize iyi bakmak için kendinizi sevin. Kalbinizi, bedeninizi ve zihninizi güçlendirmek için her şeyi yapın. İçinizdeki "güce" dönün. İyi bir ruhsal bağlantı bulun ve onu korumak için uğraşın.

Kendinizi tehdit altında hissediyor veya korkuyorsanız, bilinçli bir şekilde nefes alıp verin. Genellikle korktuğumuzda nefesimizi tutarız. Bu yüzden, birkaç kez derin nefes alıp verin. Nefes alıp vermek, içinizdeki gücü harekete geçirir. Omurganızı dikleştirir. Nefes alıp vererek, engelleri indirir ve açılırsınız. Büzülmek yerine genişlersiniz. Sevginiz rahatça akar. Şöyle deyin: *"Beni yaratan "güç" ile birim. Güvendeyim. Dünyamda her şey yolunda."*

Bağımlılıklarınızdan Kurtulmak

Korkularımızı maskelemek için kullandığımız en yaygın yöntemlerden biri, bağımlılıklarımızdır. Bağımlılıklar duyguları bastırır ve bu yüzden hissetmeyiz. Ama kimyasal olanların dışında da çok çeşitli bağımlılıklar vardır. Adına kalıp bağımlılığı dediğim şeyden de söz edebiliriz; kendimizi günlük hayatımızda var olmaktan geri tutan kalıpları kastediyorum. Önümüzdeki şeyle yüzleşmek ya da bulunduğumuz yerde olmak istemiyorsak, bizi hayatımızla bağlantıda kalmaktan alıkoyacak bir kalıp geliştiririz. Bazı insanlar için bu yiyecek bağımlılığı veya kimyasal bağımlılıktır. Kişi genetik olarak alkole eğilimli olabilir ama alkol bağımlılığının hastalık durumunda olması, tamamen kişisel bir tercihtir. Genellikle, kalıtsal bir şeyden söz ederken, aslında korkuyla ebeveynlerinin tarzında başa çıkmaya çalışan küçük çocuğu duyarız.

Bazıları için duygusal bağımlılıklar söz konusudur. Örneğin, insanlarda hata bulma bağımlılığınız olabilir. Ne olursa olsun, daima suçlayacak birilerini bulabilirsiniz. "Bu onların hatası; bunu bana onlar yaptı."

Belki de fatura bağımlılığınız vardır. Borçlu durumda kalmaya bağımlı insanlar olduğunu biliyor muydunuz? Başlarını borcun altında tutmak için ellerinden geleni yaparlar. Ne kadar çok para kazanırlarsa, o kadar çok borca girebilirler.

Dışlanma bağımlılığınız olabilir. Nereye gitseniz, sizi dışlayacak birilerini kendinize çekersiniz. Onları bulup çıkarırsınız. Ama başkalarının bizi dışlaması, aslında kendi kendimizi dışlamamızın bir yansımasıdır. Kendinizi dışlamazsanız, kimse sizi dışlayamaz veya yapsalar bile, sizin için bir önemi olmaz. Kendinize şunu sorun: "Kendimle ilgili kabullenemediğim şey nedir?"

Hastalık bağımlısı olan birçok kişi vardır. Daima hastalıklara yakalanmaktan dolayı endişelenirler. "Ayın Hastalığı Kulübü"nün daimi üyesidirler.

Herhangi bir şeye bağımlılığınız olacaksa, neden kendinizi sevme bağımlılığı yaratmıyorsunuz? Kendiniz için destekleyici olan bir şeyler yapmaya veya olumlu ifadeler kullanmaya bağımlı olabilirsiniz.

Aşırı Yeme Alışkanlığı

Aşırı kilo sorunu olan insanlardan bir sürü mektup alıyorum. En fazla iki-üç hafta süren diyetler yapıyorlar ve sonra da duruveriyorlar. Diyetlerini bıraktıkları için kendilerini suçlu hissediyorlar ve o anda ellerinden geleni yaptıklarını kabul etmek yerine, kendilerini kızıyor ve suçluluk duyuyorlar. Sonra, suçluluk duygusu daima ceza arayışında olduğundan, kendilerini cezalandırmak için gidip bedenlerine zarar verecek yiyecekler yiyorlar. İki hafta boyunca bedenleri üzerinde harika etkiler yaratacak bir rejim uyguladıklarını kabul etseler ve kendilerini suçlamaktan vazgeçseler, kalıpları kırmaya başlayacaklar. Ayrıca, şöyle de diyebilirler: *"Aşırı kilo sorunum vardı ama artık kendime ideal kilomda kalma izni veriyorum."* Böylece kalıp değişmeye başlayacaktır. Ama sorunun asıl yattığı yer orası olmadığından, yiyecek meselesine odaklanmak istemeyiz.

Aşırı yemek, daima korunma ihtiyacı anlamına gelmiştir. Kendinizi güvensiz hissettiğinizde veya korktuğunuzda, bedeninize bir kat daha *güvenlik* eklersiniz. Ağırlığın yemekle hiçbir ilgisi yoktur. Çoğunuz hayatınızı şişman olduğunuz için kendinize kızarak geçirirsiniz. Ne enerji israfı! Bunun yerine, hayatınızda size kendinizi güvensiz hissettiren bir şeyler olduğunu kabul edin. İşiniz, eşiniz, cinsel hayatınız veya genel olarak bütün yaşamınız olabilir. Aşırı kiloluysanız, yiyecek/kilo meselesini bir kenara atın ve "Kendimi güvensiz hissettiğim için korunmaya ihtiyacım var," diyen bir kalıp üzerinde çalışın.

Hücrelerimizin zihinsel kalıplarımıza nasıl tepki verdiğini görmek inanılmazdır. Korunma ihtiyacı ortadan kalktığında veya kendimizi yeniden güvende hissetmeye başladığımızda, kilolarımız yok olur. Kendi hayatıma bakarak, kendimi güvende hissetmediğimde kilo aldığımı fark ettiğimi söyleyebilirim. Hayatım çok hızlı akarken ve çok fazla şey yaparken, kendimi çok fazla yayarım ve korunma ihtiyacı duyarım. Dolayısıyla, şöyle derim: "Pekala, Louise, şimdi güvenlik konusunda çalışma zamanı. Güvende olduğunu, her şeyin yolunda olduğunu, bütün bunları yapabileceğini, bütün o yerlere gidebileceğini bilmeni istiyorum. Şu anda olanların hepsini kaldırabilirsin ve güvendesin. Seni seviyorum."

Kilo, içinizdeki korkunun sadece dışa yansımasıdır. Aynaya baktığınızda ve size bakan şişman kişiyi gördüğünüzde, eski düşünce kalıplarınızın sonuçlarına baktığınızı bilin. Düşünce tarzınızı değiştirmeye başladığınızda, sizin için gerçek olacak şeyin tohumunu atarsınız. Bugün düşünmeyi seçtiğiniz şey, yarınki yeni bedeninizi yaratacaktır. Aşırı kilolardan kurtulmakla ilgili okuduğum en iyi kitaplardan biri, Sondra Ray'in yazdığı *The Only Diet There Is* (Var Olan Tek Diyet) idi. Asıl mesele aşırı kilolardan değil, olumsuz düşünce kalıplarından kurtulmaktır. Ray, kitabında bunun nasıl yapılabileceğini adım adım gösteriyor.

Kişisel Gelişim Grupları

Kişisel Gelişim Grupları, yeni sosyal biçim haline geldi. Bunun çok olumlu bir adım olduğunu düşünüyorum. Bu programlar muazzam yararlar sağlıyor. Benzer sorunları olan insanlar sızlanmak ve şikayet etmek için değil, bu konular üzerinde çalışmak ve yaşam kalitelerini yükseltmek için bir araya geliyorlar. Artık aklınıza gelen neredeyse her sorun için bir grup bulabilirsiniz. Kendiniz için uygun olan bu türde bir grup bulabileceğinizden eminim.

Ayrıca, en yakınınızdaki sağlıklı yiyecekler satan mağazaya gidebilir ve panoda listelenen gruplara bakabilirsiniz. Eğer hayatınızı değiştirmek konusunda ciddiyseniz, bir yol bulacaksınız demektir.

Her yerde 12 Adımlık Programlar görüyoruz. 12 Adımlık Programlar, bir süredir ortalıkta ve gerçekten işe yarayan, harika sonuçlar getiren bir format geliştirdiler. Bağımlılığı olan insanlarla yaşayan veya böyle insanlar tarafından büyütülmüş kişiler için uyguladıkları programlar, her tür insan için gerçekten harikadır.

Duygular İçsel Göstergelerimizdir

Sorunlu bir ailede büyüdüğümüzde, mümkün olduğunca çatışmalardan uzak durmayı öğreniriz ve bu da duygularımızı inkar etmemize neden olur. Genellikle başkalarının ihtiyaçlarımızı karşılamayacağına inandığımızdan, yardım istemeye bile gerek görmeyiz. Sorunlarımızı kendi başımıza halledecek kadar güçlü olmamız gerektiğine kesinlikle inanırız. Tek sorun, kendi duygularımızla bağlantımızı kaybetmemizdir. Duygularımız, kendimizle, başkalarıyla ve etrafımızı saran dünyayla ilişkilerimizde en yararlı bağlantıdır ve hayatlarımızda neyin düzgün gidip gitmediğini açıkça gösterirler. Onları görmezden gelmek, sadece daha karmaşık sorunlara ve fiziksel rahat-sızlıklara yol açar. Hissettiğiniz şeyi iyileştirebilirsiniz. İçinizde olup bitenleri hissetmek için kendinize izin vermezseniz, iyileşme sürecine nereden başlayacağınızı da bilemezsiniz.

Diğer yandan, birçoğumuz kendimizi suçlu hissederek, kıskançlık duyarak, korkarak veya üzülerek hayatımızı geçiririz. Yaşamak istemediğimiz deneyimleri sürekli tekrarlatan alışkanlıklar geliştiririz. Öfkeli, üzgün, korkulu veya kıskanç olmaya devam ediyorsanız ama altında yatan nedene eğilmiyorsanız, giderek daha fazla korku, üzüntü, öfke veya kıskançlık duyarsınız. Kendimizi kurban olarak görmekten vazgeçtiğimizde, gücümüzü tekrar kazanabiliriz. Sorunun ortadan kalkmasını istiyorsak, yaşadıklarımızdan ders almaya ve öğrenmeye istekli olmalıyız.

Yaşam sürecine ve "evren" ile ruhsal bağlantımıza güvendiğimizde, öfkelerimizi ve korkularımızı daha ortaya çıktıkları anda dağıtabiliriz. Yaşama güvenebilir, her şeyin ilahi düzene uygun olarak, mükemmel bir zaman-uzay sıralamasında gerçekleştiğini bilebiliriz.

7. BÖLÜM

ACIYI YENMEK

Bedenlerimizden ve kişiliklerimizden çok fazlasıyız. İçsel ruh daima sevilebilir ve güzeldir; dış görünüşümüz ne kadar değişirse değişsin.

Ölüm Acısı

Olumlu olmak harikadır. Hissettiklerinizi fark etmek de öyle. Doğa size belli deneyimleri yaşamanız için belli duygular vermiştir ve onları inkar etmek acıya yol açar. Unutmayın, ölüm bir başarısızlık değildir. Herkes ölür; bu, yaşamın doğal bir parçasıdır.

Sevdiğiniz biri öldüğünde, yas tutmak en az bir yıl sürer. Bu yüzden kendinize zaman tanıyın. Bütün tatillerden ve mevsimlerden geçmek zordur; Sevgililer Günü, doğum gününüz, yıldönümünüz, Noel vs. Kendinize karşı nazik olun ve duyduğunuz acıyı inkar etmeyin. Bunun kuralı yoktur, kendi kendinize kurallar koymayın.

Biri öldüğünde öfkelenmek ve isterik hale gelmek de normaldir. Canınız yanmamış gibi davranamazsınız. Duygularınızı ifade etmek istersiniz. Ağlamaktan çekinmeyin. Aynaya bakın ve "Bu adil değil," diye haykırın veya içinizden ne geliyorsa onu söyleyin. Ama ne olursa olsun duygularınızı dışarı akıtın, yoksa bedeniniz için ciddi sorunlar yaratırsınız. Kendinize olabildiğince iyi bakmak zorundasınız ve bunun kolay olmadığını biliyorum.

Hastalara bakan kişiler, yas sürecinin devam ettiğini bilirler. Savaş zamanlarında da yas süreci aynıdır. Duygu/sinir sisteminin başa çıkamayacağı kadar yüksek sayıda ölüm vardır. Her şey dayanılmaz bir hal aldığında sık sık özel arkadaşlarıma uzanırım ve isteriye gömülürüm. Annem öldüğünde işler daha kolaydı. Doksan bir yıllık döngüsünün doğal bir şekilde sona erdiğini görmüştüm. Yas tutmama rağmen, içimde öfke, haksızlık veya zamansızlık gibi duygular yoktu. Savaşlar ve salgın hastalıklar, haksızlık duygusunu had safhaya taşır.

✤ ✤ ✤

Yas tutmak zaman alır, ancak bazen dipsiz bir kuyudaymışsınız gibi hissedersiniz. Birkaç yıl sonrasında hâlâ yas tutuyorsanız, keder içinde debeleniyorsunuz demektir. Unutmayın; biri öldüğünde o kişiyi kaybetmeyiz, çünkü sahip olmadığımız bir şeyi kaybedemeyiz.

Eğer duyduğunuz acıdan kurtulmakta zorluk çekiyorsunuz, yapabileceğiniz çok çeşitli şeyler vardır. Öncelikle, size yitirdiğiniz kişiyle meditasyon yapmanızı öneririm. Hayattayken ne yapmış veya ne düşünmüş olursa olsun, gezegeni terk ettiğinde bir peçe kalkar ve kişi hayatı açıkça görür. Dolayısıyla, buradayken sahip oldukları korkuları ve inançları artık geçerli değildir. Çok fazla acı çekiyorsanız, muhtemelen size endişelenmemenizi, çünkü her şeyin yolunda olduğunu söyleyecektir. Meditasyonlarınız sırasında o kişiden bu süreci atlatmanıza yardım etmesini isteyin ve ona kendisini sevdiğinizi söyleyin.

Hayattayken yanında yeterince zaman geçirmediğiniz veya o kişi için yeterince şey yapmadığınız için kendinizi suçlamayın. Bu sadece acınızı artırır. Bazıları, bu süreci kendi hayatlarına devam etmemek için bahane olarak kullanır. Bazıları ise yitirdikleri kişiyle birlikte gezegenden ayrılmak ister. Bazıları için ise, tanıdıkları ve sevdikleri birinin ölümü, kendi ölüm korkularını açığa çıkarır.

Bu süreci kendi içsel çalışmanızda kullanın, böylece kendi sorunlarınızdan da kurtulabilirsiniz. Sevilen biri öldüğünde, bir sürü üzüntü yüzeye çıkar. Üzüntüyü hissetmek için kendinize izin verin. Eski acıların ortaya çıkması için kendinizi güvende hissedeceğiniz bir noktaya ulaşacaksınız. Eğer kendinize iki-üç gün ağlama izni verirseniz, üzüntü ve suçluluk duygunuzun büyük bölümü kaybolacaktır. Eğer gerekiyorsa, duygularınızı serbest bırakabilmeniz için kendinizi yeterince güvende hissetmenize yardımcı olacak bir terapist veya destek grubu bulabilirsiniz. Başka bir tavsiyem, şu tarz olumlu ifadeler kullanmak olabilir: *"Seni seviyorum ve özgür bırakıyorum. Sen özgürsün ve ben de özgürüm."*

✣ ✣ ✣

Atölye çalışmalarımdan birinde bir kadın, çok hasta olan teyzesine karşı öfkesinden kurtulmakta çok zorlanıyordu. Teyzesinin öleceğinden ve geçmişte kendini nasıl hissettiğini anlatmak için onunla iletişim kuramayacağından korkuyordu. Teyzesiyle konuşmak istemiyordu, çünkü her şeyin içinde çok fazla biriktiğini hissediyordu. Teke tek çalışma çok yararlı olabileceği için, ona bir terapist bulmasını önerdim. Bir alanda sıkışıp kaldığımızda, yardım istemek kendimize karşı bir sevgi eylemidir.

Bu tür durumlarda deneyimli çok çeşitli türde terapistler vardır. Uzun süre devam etmeniz gerekmez, sadece kısa bir süre yardım alabilir ve o zor dönemi atlatabilirsiniz. Ayrıca, birçok acı destek grupları da vardır. Süreci atlatmanıza yardımcı olacağı için, böyle bir gruba katılmayı düşünebilirsiniz.

Acımızı Anlamak

Birçoğumuz, günden güne serbest bırakılmayan acılarla yaşıyoruz. Hayatımızın küçük, önemsiz bir parçası olabilir veya büyük, dayanılmaz bir bölümünü de kaplayabilir. Peki, acı nedir? Çoğumuz, kurtulmak istediğimiz bir şey olduğu konusunda hemfikirizdir. Bir de, ondan neler öğrenebileceğimize bir bakalım. Acı nereden gelir? Bize ne anlatmaya çalışır?

Sözlük acıyı şöyle tanımlamaktadır: "Bedensel yaralanma veya bozukluk yüzünden sevimsiz veya rahatsız edici duygu" ve ayrıca, "zihinsel veya duygusal işkence." Acı hem zihinsel hem de fiziksel rahat-sızlıktan doğduğundan, hem zihnin hem de bedenin acıyı hissedebileceği açıktır.

Geçenlerde parkta oynayan iki küçük kız çocuğunu izlerken, bu konuyu vurgulamama yardımcı olacak harika bir örnek buldum. İlk çocuk, diğerinin koluna vurmak için oyuncu bir tavırla elini kaldırdı. Ama daha eli arkadaşının koluna temas etmeden, diğer kız "Ay!" dedi. Birinci kız eline baktı ve şaşkınlıkla, "Neden 'Ay,' dedin ki?" diye sordu. "Daha sana dokunmadım bile." Arkadaşı hemen cevap verdi: "Şey, canımı yakacağını *biliyordum.*" Bu örnekte, zihinsel acı beklenen fiziksel acının yerini almıştı.

✣ ✣ ✣

Acı bize çok çeşitli şekillerde gelir. Bir çizik. Bir şişik. Bir çürük. Rahat-sızlık. Huzursuz uyku. Tehdit. Karnınızda rahatsız edici bir duygu. Kolunuzda veya bacağınızda uyuşma. Bazen çok fazla canınız yanar, bazen biraz acır ama orada olduğunu biliriz. Çoğu durumda, bize bir şey anlatmaya çalışır. Bazen mesaj açıktır. İş haftası süresince devam eden ama hafta sonları kesilen mide bulantıları, bir iş değişimi ihtiyacını haber verebilir. Çoğumuz, gece boyunca aşırı içki içtikten sonra başlayan acının önemini biliriz.

Mesaj ne olursa olsun, insan bedeninin mükemmel bir şekilde tasarlanmış bir makine olduğunu hatırlamalıyız. Acı bize bir sorun olup olmadığını bildirir ama ancak dinlemeye istekli olursak bunu yapabilir. Ne yazık ki birçoğumuz dinlemeye zaman ayırmıyoruz.

Acı, aslında bedenin hayatlarımızda bir terslik olduğunu bize anlatmak için başvurduğu son çare mesajlarıdır. Bir yerlerde yoldan çıkmışızdır. Biz ne yaparsak yapalım, beden daima ideal sağlık ister. Ama bedenlerimize çok fazla zarar verirsek, rahat-sızlık şartlarına katkıda bulunmuş oluruz.

Acıyı ilk hissettiğimizde ne yaparız? Genellikle eczaneye veya ecza dolabına koşar ve bir ağrı kesici alırız. Böylece, bedenimize şunu söyleriz: "Kes sesini, seni duymak istemiyorum." Beden bir süre sessizleşir ama sonra fısıltılar geri döner ve bu kez biraz daha güçlüdür. Belki iğne olmak veya reçete almak için doktora gider ya da başka bir şey yaparız. Bir noktada, neler olup bittiğine dikkatimizi vermemiz gerekir, çünkü çok büyük bir rahat-sızlığa yakalanmış olabiliriz. O noktada bile, bazı insanlar hâlâ kurbanı oynamayı seçer ve dinlemek istemezler. Bazıları neler olduğuna bakmayı seçerler ve değişiklik yapmaya isteklidirler. Sorun değil; hepimiz farklı şekillerde öğreniriz.

Cevap, iyi bir gece uykusu çekmek, haftada yedi gece dışarı çıkmamak veya işyerinde kendimizi çok fazla zorlamamak kadar basit olabilir. Bedeninizi dinleyin, çünkü o daima iyi olmak ister. Dolayısıyla onunla işbirliği yapmanız önemlidir.

✣ ✣ ✣

Acıyı ilk hissettiğimde, kendimi dinginleştiririm. *Yüksek gücün* hayatımda neyin değiştirilmesi gerektiğini bana söyleyeceğine ve böylece rahat-sızlıktan kurtulabileceğime güvenirim. Bu sakin zamanlarda, en sevdiğim çiçeklerin etrafımda bol bol büyüdüğünü hayal ederim. Yüzüme vuran hafif esintinin kokusunu alabilir ve onu hissedebilirim. Bedenimdeki bütün kasları gevşetmeye odaklanırım.

Tam bir gevşeme durumuna ulaştığımı hissettiğimde, sadece *içsel bilgeliğime* şunu sorarım: *"Bu soruna nasıl katkıda bulunuyorum? Bilmem gereken şey nedir? Hayatımdaki hangi alanların değişmesi gerekiyor?"* Sonra cevapların üzerime yağmasına izin veririm. Cevaplar bir anda gelmeyebilir ama yakında bana açıklanacaklarını bilirim. Gereken değişikliklerin benim için doğru olduğunu ve önümde ne uzanırsa uzansın, tamamen güvende olduğumu bilirim.

Bazen böyle değişimleri nasıl gerçekleştirebileceğinizi merak edersiniz. "Nasıl yaşayacağım? Peki, ya çocuklar? Faturalarımı nasıl ödeyeceğim?" Yine, bolluk dolu, acılardan arınmış bir hayat sürmek konusunda *yüksek güce* güvenin.

Ayrıca, değişiklikleri tek tek yapmanızı da öneririm. Lao-Tse şöyle demişti: *"Bin millik bir yolculuk, bir adımla başlar."* Diğerine eklenen küçük bir adım, zaman içinde önemli ilerlemeler sağlayabilir. Bir kez değişiklikleri yapmaya başladığınızda, acının bir gecede geçmeyeceğini bilin ama geçebilir de. Acının yüzeye çıkması zaman alır, dolayısıyla artık ihtiyaç kalmadığını anlamak biraz zaman gerektirebilir. Kendinize karşı nazik olun. İlerlemenizi bir başkasınınkiyle karşılaştırmayın. Siz eşsizsiniz ve hayata yaklaşımınızda özgün bir tarzınız var. Kendinizi tüm fiziksel ve duygusal acıdan özgür kılmak konusunda *yüksek benliğinize* güvenin.

Bağışlamak, Özgürlüğün Anahtarıdır

Bana gelen insanlara sık sık sorarım: "Haklı mı olmak istersin, yoksa mutlu mu?" Hepimizin kendi algılarımıza göre kimin haklı ve kimin haksız olduğu konusunda görüşlerimiz vardır ve hepimiz duygularımızı haklı çıkarmanın yollarını bulabiliriz. Bize yaptıkları şeyler yüzünden başkalarını cezalandırmak isteriz ama aslında hikayeyi zihnimizde tekrar tekrar döndüren kişi bizden başkası değildir. Ne var ki geçmişte biri bizi incittiği için şimdi kendimizi tekrar tekrar cezalandırmanın bir anlamı yoktur.

Geçmişi geride bırakmak için, bağışlayıcı olmak isteriz; hatta nasıl yapacağımızı bilmesek bile. Bağışlamak, kırgınlık duygularımızdan kurtulmak ve olayların özgürce akmasına izin vermek anlamına gelir. Bir bağışlamama durumu, içimizdeki bir şeyi gerçekten yok eder.

✣ ✣ ✣

Hangi ruhsallık yolunu izlerseniz izleyin, bağışlayıcılığın daima önemli bir konu olduğunu ama özellikle hastalık durumlarında fark yarattığını görürsünüz. Hasta olduğumuzda gerçekten etrafımıza bakınmamız ve kimi bağışlamamız gerektiğini anlamamız gerekir. Genellikle, asla bağışlayamayacağımızı düşündüğümüz kişi, bağışlamamız gereken kişinin ta kendisidir. Birini bağışlamamak o kişiye en küçük bir zarar vermez ama kendi hayatımızı cehenneme çevirebilir. Meseleler onların değil, bizimdir.

Hissettiğiniz acı ve kırgınlık, başka birini değil, kendinizi bağışlamakla ilgilidir. Herkesi bağışlamaya kesinlikle istekli olduğunuzu ifade edin. *"Geçmişi arkamda bırakmaya istekliyim. Bana zarar vermiş olabilecek herkesi bağışlamak istiyorum ve başkalarına vermiş olabileceğim tüm zararlar için kendimi bağışlıyorum."* Hayatınızın bir noktasında size herhangi bir şekilde zarar vermiş olabilecek birini düşünüyorsanız, o kişiyi sevgiyle kutsayın ve onu serbest bırakarak düşüncenizden kurtulun.

Bana zarar veren insanları bağışlamış olmasaydım, bugün bulunduğum yerde olamazdım. Geçmişte bana yaptıkları şeyler için bugün kendimi cezalandırmak istemiyorum. Bunun kolay olmayacağını söylemiyorum. Sadece, şimdi geçmişe bakıp şöyle diyebiliyorum: "Ah, evet, bu şey olmuştu." Ama artık orada yaşamıyorum. Bu, söz konusu davranışa göz yummak demek değildir.

Başka birinin size zarar verdiğini düşünüyorsanız, haklı bir şekilde size ait olanı kimsenin alamayacağını bilin. Eğer gerçekten size aitse, doğru zamanda size geri dönecektir. Eğer bir şey size geri dönmüyorsa, dönmemesi gerekiyor demektir. Bunu kabullenmeli ve hayatınıza devam etmelisiniz.

Özgür olmak için, kırgınlıklarınızdan ve kendine acıma çukurundan kurtulmalısınız. Bu ifadeyi severim, çünkü çok doğru bir tanımlamadır. Kendine acıma çukurunuzda kaldığınız sürece, hiçbir gücü olmayan, çaresiz kişi olursunuz. Gücünüzü elde etmek için, çukurdan çıkıp ayaklarınızın üzerinde durmalı ve sorumluluk almalısınız.

✤ ✤ ✤

Bir an için gözlerinizi kapayın ve önünüzde güzel bir su akıntısı hayal edin. Eski acı verici deneyimi, kırgınlığı, bağışlayamamayı akıntıya bırakın. Tamamen çözülüp gözden kaybolana kadar suyla birlikte sürüklendiğini hayal edin. Bunu elinizden geldiğince sık bir şekilde yapın.

Şimdi iyileşme ve şefkat zamanıdır. Kendi içinize dönün ve iyileşmeyi bilen kısmınızla bağlantı kurun. Bunu kesinlikle yapabilirsiniz. Farkında olmadığınız becerilerinizi keşfetmek için yeni seviyelere yükselmeye istekli olun; sadece rahat-sızlığı iyileştirmek için değil, aynı zamanda kendinizi tüm olası seviyelerde iyileştirmek, kendinizi kelimenin en derin anlamıyla bir bütün haline getirmek için. Benliğinizin her parçasını ve yaşadığınız tüm deneyimleri kabullenmek, bütün bunların yaşamınızı oluşturan halının parçaları olduğunu bilmek için.

Emmanuel's Book (Emmanuel'in Kitabı) çok sevdiğim bir eserdir. İçinde, iyi bir mesaj veren çok güzel bir kısım vardır.

Emmanuel'e şunu sorarlar:
"Acı verici şartları kırgınlık duymadan nasıl deneyimleyebiliriz?"

Emmanuel şöyle cevap verir:
"Onları aşağılama değil, dersler olarak görerek. Hayata güvenin, dostlarım. Hayat sizi yoldan ne kadar uzaklaştırıyormuş gibi görünse de, bu yolculuk gereklidir. Gerçeğin nerede yattığını ve bozukluğunuzun o bölgenin neresinde olduğunu anlamak için geniş bir deneyim bölgesine geldiniz. Ancak böylelikle yuvanıza, ruhsal benliğinize yenilenmiş ve daha bilgeleşmiş bir şekilde dönebileceksiniz."

Sözde sorunlarımızın sadece gelişmemiz ve değişmemiz için fırsatlar olduğunu ve çoğunun yaydığımız titreşimler yüzünden bize geri döndüğünü bir anlayabilsek! Gerçekte yapmamız gereken tek şey, düşünce tarzımızı değiştirmek, kırgınlıklarımızdan kurtulmaya ve bağışlamaya istekli olmaktır.

3. KISIM

KENDİNİZİ SEVMEK

Aşık olduğunuz en son zamanı hatırlıyor musunuz? Kalbiniz aaahhh *demişti. Harika bir duyguydu. Kendinizi sevmek de böyle bir duygudur ama kendinizi asla terk edemezsiniz. Bir kez kendinize aşık olduğunuzda, hayatınız boyunca devam eder; dolayısıyla sahip olabileceğiniz en iyi ilişki olmasını istersiniz.*

8. BÖLÜM

KENDİNİZİ NASIL SEVEBİLİRSİNİZ

Bağışladığınızda ve sıkıntılarınızdan kurtulduğunuzda, omuzlarınızdan sadece büyük bir yük kalkmış olmaz, aynı zamanda içsel sevgiye kocaman bir kapı açılır.

Kendini sevmeyi öğrenenler ve yeni öğrenmeye başlayanlara, kendinizi sevmeye yardımcı olacak bazı yolları göstereceğim. Ben buna *On Adım* diyorum ve bu listeyi yıllardır binlerce insana gönderdim.

Kendinizi sevmek harika bir maceradır; uçmayı öğrenmek gibidir. İstediğimiz zaman uçabilseydik nasıl olurdu? Ne kadar heyecan verici olurdu, değil mi? Şimdi kendimizi sevmeye ve uçmaya başlayalım!

Birçoğumuz o ya da bu şekilde özgüven eksikliği duyarız. Kendimizi sevmemiz çok zordur, çünkü içimizde öyle kusurlar vardır ki kendimizi olduğumuz gibi sevmemiz neredeyse imkansızdır. Genellikle kendimizi sevmeyi şarlara bağlarız ve sonra da bir ilişkiye girdiğimizde, karşımızdaki kişiye de koşullu bir sevgiyle yöneliriz. Hepimiz, kendimizi sevmediğimiz takdirde başkalarını da sevemeyeceğimizi duymuşuzdur. O halde, kendi önümüze koyduğumuz engelleri gördüğümüzde, onları nasıl aşabileceğimize bakmamız gerekir.

Kendini Sevmenin 10 Adımı

1. Muhtemelen en önemli anahtar, **kendinizi eleştirmekten vazgeçmektir**. Beşinci bölümde eleştirilerden söz etmiştik. Kendimize ne olursa olsun iyi olduğumuzu söylersek, yaşamlarımızı kolayca değiştirebiliriz. Asıl büyük zorluk yaşayacağımız zaman, kendimizi *kötü* kıldığımız zamanlardır. Her gün yeni bir gündür ve işleri önceki günden biraz daha farklı yaparız. Yaşam sürecine uyum sağlama ve onunla birlikte akma becerimiz, bizim asıl gücümüzdür.

Sorunlu aile ortamlarından gelenler, genellikle aşırı sorumluluk sahibi olur ve kendilerini acımasızca yargılama alışkanlığını benimserler. Sürekli bir gerilim ve endişe ortamında büyümüşlerdir. Bozuk ve sorunlu ailelerde geçirdikleri çocukluk yıllarında aldıkları mesaj şudur: "Bende bir sorun olmalı!" Kendinizi azarlarken kullandığınız ifadeleri bir düşünün. İnsanların bana söylediği bazı ifadeler şunlar: Aptal, yaramaz çocuk, kötü kız, işe yaramaz, dikkatsiz, sersem, çirkin, değersiz, tembel, kirli vs. Kendinizi tanımlarken kullandığınız kelimeler bunlar mı veya bunlara benziyor mu?

Kendimizde özdeğer geliştirmemiz çok önemlidir, çünkü kendimizi yeterince iyi hissetmediğimizde, acınası hale gelmenin yollarını buluruz. Bedenlerimizde hastalık veya acı yaratırız; bize yararlı olacak şeyleri erteleriz; bedenlerimize yiyecek, alkol ve uyuşturucularla kötü davranırız.

Hepimiz bazı açılardan güvensiziz, çünkü hepimiz insanız. Mükemmelmiş gibi davranmamayı öğrenelim. Mükemmel olma zorunluluğu, sadece omuzlarımıza muazzam bir yük yükler ve hayatlarımızda iyileşme yaratmamız gereken alanları görmemizi engeller. Bunun yerine, yaratıcı farklılıklarımızı, bireyselliğimizi keşfedebilir, bizi başkalarından ayıran özelliklerimiz için kendimizi takdir edebiliriz. Hepimizin bu dünyada oynayacağı eşsiz bir rol var ve kendimize karşı eleştirel yaklaştığımızda, o rolü engelleriz.

2. Kendimizi korkutmaktan vazgeçmeliyiz. Birçoğumuz, korkutucu düşüncelerle kendimizi korkutuyor ve durumları olduğundan daha kötü hale getiriyoruz. Küçük bir sorunu alıp, ondan canavar yaratıyoruz. Hayattan daima en kötüsünü bekleyerek yaşamak, kesinlikle çok korkunç bir yaşam tarzıdır.

Kaçınız gece yatağa girerken bir sorunun en kötü olasılığını zihninizde canlandırıyorsunuz? Bunu yaptığınızda, yatağının altında canavarlar olduğunu hayal eden ve sonra da kendi hayallerinden korkan bir çocuğa benzersiniz. Uyuyamamanıza şaşmamak gerek. Çocukken anneniz veya babanız gelip sizi yatıştırırdı. Şimdi yetişkinliğe ulaştığınızda, kendinizi yatıştırma becerisine sahip olduğunuzu biliyorsunuz.

Hasta insanlar bunu sıklıkla yapar. Genellikle en kötüsünü hayal eder veya kendi cenazelerini planlarlar. Güçlerini medyaya verir ve kendilerini istatistik olarak görürler.

Bunu ilişkilerinizde de yapabilirsiniz. Biri sizi aramadığında, hemen kesinlikle sevilmeyen biri olduğunuzu düşünürsünüz ve bir daha asla başka bir ilişkiye girmemeye karar verirsiniz. Kendinizi terk edilmiş ve dışlanmış hissedersiniz.

Aynı şeyi işinizle de yaparsınız. Biri işyerinde bir ifade kullanır ve kovulacağınızı düşünmeye başlarsınız. Bu paralize edici düşünceleri zihninizde geliştirirsiniz. Bu korkutucu düşüncelerin sizi olumsuzluğa götüreceğini unutmayın.

Eğer olumsuz bir düşünceyi veya durumu zihninizde sürekli olarak gözden geçirme eğilimindeyseniz, onun yerine geçirmeyi tercih edeceğiniz başka bir imge bulun. Güzel bir manzara, bir günbatımı, çiçekler, spor veya sevdiğiniz başka bir şey olabilir. Kendinizi korkutmaya başladığınız her seferinde, o imgeyi kullanabilirsiniz. Kendinize şöyle deyin: "Hayır, bunu artık düşünmeyeceğim. Günbatımını, gülleri, Paris'i, yatları veya şelaleleri düşüneceğim (imgeniz her neyse)." Bunu yapmaya devam ederseniz, zaman içinde bu olumsuz alışkanlığınızdan kurtulursunuz. Yine, bu konuda egzersiz yapmanız gerekecektir.

3. Kendinize karşı nazik ve sabırlı olun. Oren Arnold şöyle yazmıştı: *"Tanrım, bana sabır vermen için dua ediyorum ve duama hemen karşılık vermeni istiyorum!"* Sabır çok güçlü bir araçtır. Çoğumuz, hemen tatmin olma tutkumuz yüzünden acı çekeriz. İstediğimiz şeyi hemen elde etmemiz gerekir. Herhangi bir şeyi beklemeye sabrımız yoktur. Kuyruklarda beklediğimizde veya trafikte sıkışıp kaldığımızda öfkeleniriz. Hepimiz cevaplarımızı ve elde etmek istediğimiz şeyleri hemen isteriz. Kendi sabırsızlığımız yüzünden, sık sık etrafımızdaki insanların hayatlarını zindan ederiz. Sabırsızlık, öğrenmeye direnmektir. Dersi öğrenmeden veya gerekli adımları atmadan cevaplara geçmek isteriz.

Zihninizin bir bahçe olduğunu düşünün. En başında, bahçe sadece bir parça topraktır. O toprak üzerinde kendinize duyduğunuz nefreti, umutsuzluğunuzu, öfkenizi ve endişelerinizi temsil eden çerçöpler ve taşlar olabilir. Adına korku denen yaşlı bir ağacın budanmaya ihtiyacı vardır. Bu şeylerin bir kısmını ortadan kaldırdığınızda ve toprak biçimlenmeye başladığında, biraz tohum veya küçük bitkiler ekersiniz; bunlar mutluluk ve zenginliktir. Güneş üzerine parlar, siz bitkileri sularsınız ve gerekli besinleri vererek onlara sevgiyle bakarsınız.

Başlangıçta pek fazla şey olmuyormuş gibi görünür ama durmazsınız ve bahçenizle ilgilenmeye devam edersiniz. Sabırlı olursanız, bahçeniz gelişir ve çiçekleriniz açar. Zihninizde de aynı prensip geçerlidir; beslenip geliştirilecek düşünceleri seçersiniz ve sabırla gelişerek, istediğiniz türden deneyimlerin yer aldığı bir bahçeyi yaratırlar.

Hepimiz Hatalar Yaparız

Öğrenirken hatalar yapmak normaldir. Dediğim gibi, birçoğunuz mükemmellik tutkusuyla lanetlenmiş durumdasınız. Kendinize yeni bir şey öğrenme şansı vermiyorsunuz, çünkü ilk üç dakika içinde mükemmel bir şekilde yapamazsanız, yeterince iyi olmadığınıza inanıyorsunuz.

Öğreneceğiniz her şey zaman alacaktır. Bir şeyi ilk kez yapmaya başladığınızda, genellikle doğru gelmez. Ne demek istediğimi açıklamak için, şu an biraz durmanızı ve ellerinizi çırpmanızı istiyorum. Bunu yapmanın yanlış ya da doğru yolu yoktur. Ellerinizi çırpın ve hangi başparmağınızın yukarıda olduğuna dikkat edin. Muhtemelen kendinizi tuhaf ve hatta yanlış hissedeceksiniz. Ellerinizi tekrar ilk şekilde, sonra ikinci şekilde, sonra birinci ve tekrar ikinci şekilde çırpın ve orada durun. Nasıl hissediyorsunuz? Muhtemelen artık o kadar tuhaf gelmiyordur. Hiç fena değil, alışıyorsunuz. Belki iki şekilde de yapmayı öğrenebilirsiniz.

Bir şeyi yeni bir şekilde yaparken de aynı prensip geçerlidir. Başlangıçta farklı gelir ve hemen yargılarız. Ama biraz egzersizle, normal ve doğal hale gelebilir. Kendimizi tek bir günde sevecek değiliz ama her geçen gün kendimizi biraz daha fazla sevebiliriz. Her geçen gün kendimize biraz daha fazla sevgi veririz ve iki-üç ay içinde, kendimizi sevmek konusunda bir hayli aşama kaydederiz.

Dolayısıyla, hatalar sıçrama taşlarımızdır. Değerlidirler, çünkü onlar öğretmenimizdir. Hata yaptığınız için kendinizi cezalandırmayın. Hatalarınızdan ders almak ve gelişmek istiyorsanız, hayatınızda tatmin sağlamak için bir adım olarak hizmet edeceklerdir.

Bazılarımız uzun süredir kendimiz üzerinde çalışıyoruz ve neden hâlâ karşımıza tekrar tekrar çıkan sorunlar olduğunu merak ediyoruz. Bildiğimiz şeyleri güçlendirmeye devam etmeli, ellerimizi havaya kaldırıp "Ne yararı var?" diyerek direnmekten vazgeçmeliyiz. Yeni yöntemler öğrenirken, kendimize karşı nazik ve sabırlı olmalıyız. Yukarıdaki bahçe örneğini hatırlayın. Olumsuz tohumlar büyümeye başladığında, onları elinizden geldiğince hızlı bir şekilde toplayın.

4. Kendi zihinlerimize karşı nazik olmayı öğrenmeliyiz. Olumsuz düşüncelerimiz olduğu için kendimizden nefret etmeyelim. Düşüncelerimizin bizi hırpalamaktan ziyade, geliştirdiğini düşünelim. Olumsuz deneyimlerimiz için kendimizi suçlamayalım. Deneyimlerimizden öğrenebiliriz. Kendimize karşı nazik olmak, tüm suçlamaları, tüm suçluluk duygusunu, tüm cezaları ve tüm acıları bir kenara atmak anlamına gelir.

Gevşemek de bize yardımcı olur. Gevşemek, içteki *gücü* açığa çıkarmak için kesinlikle gereklidir, çünkü eğer gergin hissediyor ve korku duyuyorsanız, enerjinizi kapatırsınız. Bedenin ve zihnin serbest kalıp gevşemesini sağlamak için günde birkaç dakika ayırmanız yeter. Herhangi bir anda ve yerde gözlerinizi kapayarak birkaç kez derin nefes alıp verebilir, taşıdığınız gerginlikten kurtulabilirsiniz. Nefes verirken, kendinize odaklanın ve sessizce şöyle deyin: *"Seni seviyorum. Her şey yolun-*

da." Ne kadar sakinleştiğinizi görünce şaşıracaksınız. Hayatı sürekli gergin bir şekilde ve korku içinde yaşamanız gerekmediği mesajını güçlendiriyorsunuz.

Her Gün Meditasyon Yapın

Ayrıca, zihninizi sessizleştirip kendi *içsel bilgeliğinize* kulak vermenizi de öneririm. Toplumumuz meditasyonu gizemli ve uygulanması zor bir şeye dönüştürdü ama meditasyon, aslında var olan en eski ve en basit yöntemlerden biridir. Bütün yapmamız gereken, gevşemek ve kendi kendimize *sevgi*, *huzur* gibi kelimeleri veya kendimiz için anlamı olan benzer türde kelimeleri tekrarlamaktır. *OM*, atölye çalışmalarımda kullandığım ve işe yaradığını gördüğüm antik bir sestir. Şunları da tekrarlayabiliriz: *Kendimi seviyorum, kendimi affediyorum* veya *affedildim*. Sonra da bir süre dinlemeliyiz.

Bazı insanlar meditasyon yaparlarsa, zihinlerinde düşünceleri durdurmaları gerektiğine inanırlar. Zihnimizi durduramayız ama düşüncelerimizi yavaşlatabilir ve kendiliklerinden akmalarına izin verebiliriz. Bazı insanlar yanlarına bir bloknot ve kalem alarak, olumsuz düşüncelerini yazarlar, çünkü böylelikle daha kolay dağıldıklarını görürler. Eğer düşüncelerimizin zihnimizden akıp geçtiği – "Ah, bu bir korku düşüncesi, bu öfke, şimdi sevgi düşüncesi, bir felaket düşüncesi, terk edilmişlik, mutlu bir düşünce" – ve içeriklerine önem vermezsek, içsel gücümüzü gerçekten akıllıca kullanmaya başlarız.

Herhangi bir yerde meditasyona başlayabilir ve bir alışkanlığa dönüşmesine izin verebiliriz. Meditasyonu *yüksek gücünüze* odaklanmak gibi düşünün. Kendinizle ve *içsel bilgeliğinizle* bağlantı kurun. Bunu istediğiniz her şekilde yapabilirsiniz. Bazı insanlar yürürken veya koşarken meditasyon yaparlar. Yine, farklı şekilde yaptığınız için yanlış olduğunu düşünmeyin. Ben bahçemde dizlerimin üzerine çökmeyi ve toprağı kazmayı severim; benim için harika bir meditasyondur.

İyimser Sonuçları Hayal Edin

Zihinde canlandırma çok önemlidir ve bunu yapmak için kullanabileceğiniz çok çeşitli teknikler vardır. Dr. Carl Simonton, *Getting Well Again* (Tekrar İyileşmek) adlı kitabında, kanserli hastalar için bir sürü zihinde canlandırma tekniği sunmakta ve genellikle mükemmel sonuçlar almaktadır.

Zihinde canlandırmayla, olumlu düşünmenizi sağlayan net, pozitif imgeler yaratabilirsiniz. Birçoğunuz bana olumlu düşüncelerinizle birlikte kullandığınız zihinde canlandırma yöntemleri hakkında yazdınız. Hatırlanması gereken önemli nokta, zihinde canlandırmaların kimliğinizle ve kişiliğinizle uyumlu olmasıdır. Aksi takdirde, zihinde canlandırmalarınız bir işe yaramaz.

Örneğin, kanser hastası bir kadın, bedeninde oluşan *iyi katil hücrelerin* kanserli hücrelere saldırıp onları öldürdüğünü hayal etmişti. Zihinde canlandırma çalışmasının sonunda, doğru yapıp yapmadığından şüphe duyuyordu ve kendisi için işe yarayacağına inanmıyordu. Ona sordum: "Sen cinayet işleyebilecek biri misin?" Açıkçası, kişisel olarak, kendi bedenimde bir savaş yaratmak konusunda kendimi iyi hissedemem. Ona zihinde canlandırma yöntemini daha nazik bir başkasıyla değiştirmesini önerdim. Güneşin hasta hücreleri erittiğini veya bir sihirbazın sihirli değneğiyle hücreleri iyileştirdiğini hayal etmek daha iyi olabilir. Kendim kansere yakalandığımda, serin, temiz suyun rahat-sız hücreleri sistemimden temizlediğini hayal ederdim. Bilinç seviyesinde bize fazla saldırgan gelmeyecek canlandırma tekniklerine ihtiyacımız vardır.

Aileleri veya dostları arasında hasta insanlar olanlar, sürekli olarak onları hasta görmekle aslında zarar verirler. Onların iyileştiğini zihninizde canlandırın. Onlara iyi titreşimler gönderin. Ama iyileşmenin tamamen kendilerine bağlı olduğunu da unutmayın. Eğer açıklarsa, onlara iyileşme sürecinde yardımcı olabilecek kasetler ve kitaplar hediye edebilirsiniz. Eğer açık değillerse, onlara sadece sevginizi gönderin.

Herkes zihinde canlandırma yapabilir. Evinizi tarif etmek, cinsel fantezi kurmak, sizi inciten birine neler yapabileceğinizi hayal etmek gibi şeylerin hepsi zihinde canlandırmalardır. Zihnin yapabileceği şeyler inanılmazdır.

5. Bir sonraki adım, kendinizi övmektir. Eleştirellik, içsel ruhu yıkar; övgü ise içsel ruhu yüceltir ve güçlendirir. İçinizdeki *gücü* ve tanrısallığı kabul edin ve yüceltin. Hepimiz, *Sonsuz zekanın* ifadeleriyiz. Kendinizi hırpaladığınızda ve aşağıladığınızda, sizi yaratan *gücü* aşağılarsınız. Küçük şeylerle başlayın. Kendinize harika olduğunuzu söyleyin. Bir kez yapıp durursanız işe yaramaz. Sadece birer dakikalık sürelerle olsa bile, yapmaya devam edin. İnanın bana, giderek kolaylaşacaktır. Bir dahaki sefere yeni, farklı veya henüz öğrendiğiniz bir şey yaptığınızda ve yeterince becerikli davranamadığınızda, kendinizi yalnız bırakmayın.

New York'taki Dinsel Bilim Kilisesi'nde ilk kez konuştuğumda çok heyecanlıydım. Çok canlı bir şekilde hatırlıyorum. Bir cuma günü öğle üzeriydi. İnsanlar sorularını yazıp, konuşmacı (ben) için bir sepete bırakmışlardı. Sepeti kürsüye getirdim ve soruları cevaplarken, her birinin ardından küçük bir tedavi uyguladım. Bitirdikten sonra, kürsüden indim ve kendime şöyle dedim: "Louise, bunun ilk sefer olduğu düşünülürse, harika bir iş çıkardın. Bunu altı kez yaptıktan sonra, bir profesyonel olacaksın." Kendimi azarlayarak şöyle demedim: "Ah, şunu veya bunu söylemeyi unuttun." İkincisinin beni korkutacak bir deneyim olmasını istemiyordum.

İlk seferinde kendimi hırpalasaydım, ikinci seferinde de aynı şeyi yapacaktım ve sonunda konuşmaktan korkmaya başlayacaktım. Birkaç saat sonra, gelişmek için neleri değiştirebileceğimi düşünmeye başladım. Kendimi asla hatalı bulmadım. Kendimi övmeye ve harika bir iş çıkardığım için kutlamaya çok özen gösteriyordum. Altı konuşmanın sonunda gerçekten de profesyonel olmuştum. Bence bu yöntemi hayatımızın her alanına uygulayabiliriz. Uzun bir süre daha konuşmalarıma devam ettim. Harika bir eğitim deneyimiydi, çünkü bana kendi adıma düşünmeyi öğretmişti.

✣ ✣ ✣

Hak ettiğinize inanın ya da inanmayın, *iyiyi* kabul etmeye hazır ve istekli olun. Hak etmediğimize inanmanın yaşamlarımıza iyiliğin gelişini nasıl engellediğini daha önce anlatmıştım. İstediğimizi elde etmemizi engelleyen şey budur. Eğer iyi olmayı hak etmediğimizi kendi kendimize tekrarlayıp duruyorsak, kendimiz hakkında nasıl iyi bir şey söyleyebiliriz ki?

Evinizdeki layık olma kurallarını düşünün. Hiç yeterince iyi, yeterince akıllı, yeterince uzun boylu, yeterince güzel vs. oldunuz mu? Uğrunda yaşayacak neyiniz var? Bir nedenle burada olduğunuzu biliyorsunuz ve bu neden, her birkaç yılda bir yeni araba almak değil. Kendinizi tatmin etmek, potansiyelinizi gerçekleştirmek için ne yapacaksınız? Olumlamalar, zihinde canlandırmalar, tedaviler uygulamaya istekli misiniz? Bağışlamak istiyor musunuz? Meditasyon yapacak mısınız? Hayatınızı değiştirmek ve istediğiniz hayatı yaratmak için ne kadar zihinsel çaba harcayabilirsiniz?

6. Kendinizi sevmek, kendinizi desteklemek anlamına gelir. Arkadaşlarınıza ulaşın ve size yardım etmelerine izin verin. İhtiyacınız olduğunda yardım isterseniz, gerçekten güçlüsünüzdür. Birçoğunuz kendinize yetmeyi öğrendiniz. Egonuz izin vermediği için yardım isteyemiyorsunuz. Her şeyi kendi başınıza yapmaya çalışmak ve bunu başaramadığınız için kendinize kızmak yerine, bir dahaki sefere yardım istemeyi düşünün.

Her şehirde destek grupları var. Neredeyse her sorun için 12 Adımlık Programlar, bazı bölgelerde şifa grupları ve benzeri organizasyonlar var. İstediğiniz şeyi bulamıyorsanız, kendi grubunuzu kurmayı düşünün. Sandığınız kadar korkutucu bir şey değil. Aynı sorunlarla boğuşan iki-üç arkadaşınızla toplanın ve izlenecek birkaç rehber prensip belirleyin. Bunu kalbinizde sevgiyle yaparsanız, küçük grubunuz gelişir. İnsanlar mıknatıs gibi size çekilir. Büyümeye başlar ve toplantı yeriniz küçük gelirse, endişelenmeyin. Evren daima ihtiyacımız olanı sağlar. Ne yapacağınızı bilmiyorsanız, ofisime yazın ve bir grubu nasıl yönetebileceğiniz konusunda size yardımcı olalım. Gerçekten birbirinize yardım edebilirsiniz.

✣ ✣ ✣

1985 yılında aids hastası altı adamla birlikte, Los Angeles'ta *The Hayride*'ı kurmuştum. Bu yoğun krizle ilgili ne yapacağımızı bilmiyorduk. Onlara öylece oturup "başımıza gelen şey çok korkunç" oyunu oynamayacağımızı, çünkü bunu zaten bildiğimizi söyledim. Birbirimizi desteklemek için olumlu seviyede elimizden geleni yaptık. Bugün hâlâ toplanıyoruz; her çarşamba gecesi 200 kişi West Hollywood Park'a geliyor.

Aids rahat-sızlığı olan insanlardan oluşmuş sıra dışı bir grubumuz var ve herkese açık. Bütün dünyadan insanlar bu grubun fonksiyonlarını izlemeye geliyor ve kendilerini desteklenmiş hissediyorlar. Etkili olması için herkes katkıda bulunuyor. Meditasyon ve zihinde canlandırma çalışmaları yapıyoruz. Alternatif terapiler hakkında bilgilerimizi paylaşıyor, en son tıbbi yöntemleri inceliyoruz. Salonun bir ucunda insanların uzanıp yatabileceği ve şifa enerjisi paylaşabileceği enerji masaları var. Konuşabilecekleri Zihin Bilimi Pratisyenleri var. Sonunda birlikte şarkı söylüyor ve kucaklaşıyoruz. İnsanların, geldiklerinden daha iyi duygularla gitmesini istiyoruz ve bazen insanlar günler boyunca süren olumlu bir etki kazanıyorlar.

✣ ✣ ✣

Destek grupları yeni sosyal biçim haline geldi ve bu karmaşık çağda son derece etkili araçlar oldular. Birlik ve Dinsel Bilim gibi birçok "yeni düşünce" kilisesi, her hafta böyle destek grubu toplantıları düzenliyor. Birçok grup, yeni çağ dergilerinde ve gazetelerinde listeleniyor. Başkalarıyla geniş çapta iletişim kurmak çok önemlidir. İçinizde kıvılcım yaratır ve devam etmenizi sağlar. Benzer fikirleri olan insanların birbirleriyle düzenli olarak fikir paylaşmasını tavsiye ederim.

İnsanlar ortak bir amaç için birlikte çalıştıklarında, sızlanmak için değil, sorunun ötesine geçmek ve bir şekilde gelişip büyümek için acılarını, şaşkınlıklarını, öfkelerini vs. paylaşırlar.

Çok kararlı, çok disiplinli ve çok ruhsal biriyseniz, kendi başınıza birçok şey yapabilirsiniz. Ama aynı şeyleri yapan insanlarla bir arada olduğunuzda, birbirinizden öğrendiğiniz için kuantum sıçramaları gerçekleştirirsiniz. Gruptaki herkes bir öğretmendir ve üzerinde çalışmanız gereken bir meseleniz varsa, size yardımcı olabilecek bir gruba katılmanızı şiddetle öneririm.

7. Olumsuz özelliklerinizi sevin. Hepsi yaratımınızın bir parçasıdır; tıpkı hepimizin Tanrı'nın bir parçası olduğumuz gibi. Bizi yaratan Zeka, hatalar yaptığımız veya çocuklarımıza öfkelendiğimiz için bizden nefret etmez. Bu Zeka, elimizden gelenin en iyisini yaptığımızı bilir ve Yaratımını sever; biz de kendimizinkini sevebiliriz. Hepimiz olumsuz tercihler yapmışızdır ve bu hatalar yüzünden kendimizi cezalandırmaya devam edersek, bir alışkanlığa dönüşür ve onlardan kurtulmakta, daha olumlu tercihler yapmakta zorlanırız.

Sürekli olarak "İşimden nefret ediyorum. Evimden nefret ediyorum. Hastalığımdan nefret ediyorum. Bu ilişkiden nefret ediyorum. Şundan nefret ediyorum. Bundan nefret ediyorum," diye tekrarlayıp duruyorsanız, bu davranışınızdan hayatınıza çok az iyi şey gelir.

Ne tür bir olumsuzluk içinde olursanız olun, bir nedeni vardır; aksi takdirde hayatınızda olmazdı. *Love Your Disease* (Hastalığınızı Sevin) adlı kitabın yazarı Dr. John Harrison, hastaların asla tekrarlanan ameliyatlara veya hastalıklara mahkum olmadığını söyler. Aslında, hastalar ihtiyaçlarının karşılanması için güvenli bir yol bulmaktan dolayı kendilerini tebrik edebilirler. Ne tür bir sorunumuz olursa olsun, belli durumlarla başa çıkabilmek için onun yaratılmasına katkıda bulunduğumuzu anlamamız gerekir. Bunu anladığımızda, ihtiyaçlarımızı karşılamak için olumlu bir yol bulabiliriz.

Bazen kanseri veya başka türde ölümcül hastalığı olan insanlar, hayatlarındaki bir otorite figürüne "hayır" demekte zorlanırlar ve bunu yapabilmek için, bilinçaltı seviyesinde, önemli bir rahat-sızlık yaratırlar. Hastalığını sadece babasının taleplerine hayır diyebilmek için kendisinin yarattığını anladığında, bir kadının kendisi için yaşamaya karar verdiğini görmüştüm. Babasına "hayır" demeye başlamıştı. Başlangıçta zorlansa da, kendi bildiğini okumaya devam ettikçe iyileştiğini fark etti.

Olumsuz kalıplarımız ne olursa olsun, o ihtiyaçları daha olumlu şekillerde karşılamayı öğrenebiliriz. Kendinize "Bu deneyimden ne kazanıyorum? Bu deneyimden aldığım olumlu şey nedir?" diye sormak, bu yüzden çok önemlidir. Bu soruya cevap vermeyi sevmeyiz. Ama içimize baktığımızda ve kendimize karşı dürüst olduğumuzda, cevabı bulabiliriz.

Belki cevabınız, "Eşimden ilgi ve sevgi gördüğüm tek zaman bu," şeklinde olabilir. Bir kez anladığınızda, aynı sonucu elde etmek için daha olumlu yollar aramaya başlayabilirsiniz.

Mizah duygusu, diğer bir güçlü araçtır; stresli deneyimler sırasında gevşememize ve hafiflememize yardımcı olur. *Hayride*'da, şakalar için bir zaman ayırırız. Bazen "bayan kahkaha" dediğimiz bir konuşmacıyı çağırırız. Kahkahası bulaşıcıdır ve herkesi gülme krizine sokar. Kendimizi daima çok ciddiye alamayız ve kahkaha son derece iyileştirici etki yapar. Kendinizi moralsiz ve enerjisiz hissettiğinizde de Laurel ve Hardy gibi eski komedileri izlemenizi öneririm.

Özel danışmanlık yaparken, insanları sorunlarına güldürmek için elimden geleni yaparım. Hayatımızı bir beyaz dizi, drama ve komedi gibi görebildiğimizde, daha geniş bir bakış açısı kazanır ve şifa yoluna gireriz. Mizah, bizi deneyimden çekip alır ve her şeyi daha geniş bir şekilde görebiliriz.

8. Bedeninize iyi bakın. Bedeninizi, bir süre için içinde yaşadığınız harika bir ev gibi görün. Evinizi sever ve ilgilenirsiniz, değil mi? Dolayısıyla, vücudunuza soktuğunuz şeylere de dikkat edin. Uyuşturucu ve alkol bağımlılığı son derece yaygın, çünkü bunlar en yaygın iki kaçış yöntemidir. Uyuşturucu kullanmanız, kötü biri olduğunuz anlamına gelmez; sadece ihtiyaçlarınızı karşılamak için daha olumlu bir yol bulamadığınız anlamına gelir.

Uyuşturucular bize şunu söyler: “Gel ve benimle oyna; birlikte iyi zaman geçireceğiz.” Bu doğrudur. Size kendinizi harika hissettirirler. Ama gerçekliğinizi çok fazla değiştirirler ve başlangıçta fark etmeseniz bile, sonunda ödeyeceğiniz bedel çok ağırdır. Bir süre uyuşturucu kullandıktan sonra, sağlığınız belirgin bir şekilde kötüleşir ve kendinizi çoğunlukla berbat hissedersiniz. Uyuşturucular bağışıklık sisteminizi etkiler ve çok çeşitli fiziksel rahat-sızlıklara yol açar. Ayrıca, sürekli kullanımdan sonra bağımlılık geliştirirsiniz ve neden başladığınızı merak edersiniz. Başlangıçta uyuşturucu kullanmanızın nedeni yaşıtlarınızın baskısı olabilir ama sürekli kullanım başka bir hikayedir.

Kendini gerçekten seven ve uyuşturucu kullanan birine henüz rastlamadım. Çocukluğumuzdan kalma yeterince iyi olmama duygusundan kaçmak için uyuşturucu ve alkole sığınırız ve etkileri geçtiğinde kendimizi öncekinden daha kötü hissederiz. Ayrıca, bol miktarda suçluluk duygusu da beraberinde gelir. Duygularımızı hissetmenin ve onları kabullenmenin güvenli olduğunu bilmeliyiz. Duygular gelip geçer; kalıcı değillerdir.

✣ ✣ ✣

Bedenimize çok fazla yiyecek sokmak, sevgimizi gizlemenin başka bir yoludur. Yiyeceksiz yaşayamayız, çünkü vücudumuza yakıt sağlar ve yeni hücreler yaratılmasını sağlar. İyi beslenmenin temel prensiplerini bilsek bile, sık sık kendimizi cezalandıracak ve obezlik yaratacak yiyecekler yiyoruz.

Kötü yiyecek bağımlısı bir ülke haline geldik. Onyıllardır, adına Büyük Amerikan Diyeti dediğim bir beslenme düzenini sürdürüyoruz ve her türde işlenmiş yiyecek yiyoruz. Gıda firmalarının ve reklamlarının beslenme alışkanlıklarımızı belirlemesine izin verdik. Doktorlara tıp fakültelerinde beslenme öğretilmiyor; kendileri müfredat dışı bir konu olarak almadıkları sürece. Geleneksel tıp olarak düşündüğümüz şeyin büyük bölümü, ilaçlara ve ameliyatlara odaklanıyor; dolayısıyla beslenme hakkında gerçekten bir şeyler öğrenmek istiyorsak, kendi kendimize bir şeyler yapmak zorundayız. Ağızlarımıza soktuğumuz şeylere ve bize kendimizi nasıl hissettirdiğine dikkat etmek, kendini sevme eylemidir.

Öğle yemeği yiyorsanız ve bir saat sonra kendinizi uykulu hissetmeye başlıyorsanız, kendinize şunu sorun: "Ben ne yedim?" O anda bedeniniz için iyi olmayan bir şey yemiş olabilirsiniz. Size neyin enerji verdiğini, neyin enerjinizi tükettiğini ve size kendinizi yorgun hissettirdiğini anlamaya başlayın. Bunu deneme-yanılma yöntemiyle yapabilir veya sorularınıza cevap verecek iyi bir beslenme uzmanı bulabilirsiniz.

Bir kişi için doğru olanın, başka biri için doğru olması gerekmediğini unutmayın; hepimizin bedeni farklıdır. Makrobiyotik diyet, birçok kişi için iyidir. Harvey ve Marilyn Diamond'ın *Fit For Life* (Yaşamda Zindelik) yöntemi de öyle. Tamamen farklı kavramlardır ama ikisi de işe yarar. Her beden, bir diğerinden farklıdır; dolayısıyla, sadece tek bir yöntemin işe yaradığını söyleyemeyiz. Hangisinin sizin için en çok işe yaradığına kendiniz karar vermek zorundasınız.

✤ ✤ ✤

Sevdiğiniz ve yapmaktan hoşlandığınız bir egzersiz bulun. Egzersizinizle ilgili olumlu bir zihinsel imge yaratın. Genellikle, bedenlerinizde başka insanlardan aldığınız şeylerin sonucu olan engeller yaratırsınız. Yine, kendinizi bağışlamak, öfke ve kırgınlığı bedeninize doldurmaktan vazgeçmek zorundasınız. Egzersizinizle önermeleri birleştirmek, bedeniniz ve şekliyle ilgili olumsuz kavramlarınızı yeniden programlamanızı sağlayacaktır.

✤ ✤ ✤

Şu anda sağlık için yeni teknolojilerin hızla çoğaldığı bir dönemdeyiz ve antik şifa yöntemleriyle ses dalgası teknolojisi gibi yeni teknikleri birleştirmeyi öğreniyoruz. Sesin beyin dalgalarını nasıl harekete geçirdiğini, öğrenmeyi ve iyileşmeyi nasıl hızlandırdığını inceliyordum. DNA yapımızı zihinsel olarak değiştirerek hastalıkları tedavi edebileceğimizi gösteren bilimsel kanıtlar ortaya çıkıyor. Sanırım yakın zamanda nüfusun büyük bölümü için muazzam yararlar getirecek çok çeşitli olasılıkları inceliyor olacağız.

9. Kendimizi sevmemizi engelleyen bir sorunun nedenini bulmak için, sık sık **ayna çalışmasının** önemini vurgularım. Ayna çalışması yapabileceğiniz çok çeşitli yöntemler vardır. Ben sabah kalktığımda ilk iş olarak aynaya bakar ve şöyle derim: *"Seni seviyorum. Bugün senin için ne yapabilirim? Seni nasıl mutlu edebilirim?"* İçsel sesinizi dinleyin ve duyduğunuz şeyi izlemeye başlayın. Kendinizi azarlamaya alışık olduğunuz ve sevgi dolu bir düşünceye nasıl tepki vereceğinizi bilmediğiniz için, başlangıçta herhangi bir mesaj alamayabilirsiniz.

Gün içinde başınıza sevimsiz bir olay gelirse, aynaya gidip şöyle deyin: *"Yine de seni seviyorum."* Olaylar gelip geçer ama kendinize duyduğunuz sevgi süreklidir ve hayatınızda sahip olduğunuz en önemli özelliktir. Harika bir şey olursa, aynaya gidip "Teşekkür ederim," deyin. Bu harika deneyimi kendinizin yarattığını bilin.

✣ ✣ ✣

Aynada kendinizi bağışlayabilirsiniz. Kendinizi ve başkalarını bağışlayın. Aynada başkalarıyla konuşabilirsiniz; özellikle de onlarla yüz yüze konuşmaya çekindiğinizde. İnsanlarla – ebeveynleriniz, patronunuz, doktorunuz, çocuklarınız, eşleriniz – eski meseleleri temizleyebilirsiniz. Karşı karşıya olduğunuzda söylemeye korkacağınız her şeyi söyleyebilir, gerçekte istediğiniz şey onlar olduğu için sonunda sevgilerini ve onaylarını isteyebilirsiniz.

Kendilerini sevmekte zorlanan insanlar, neredeyse daima bağışlamaya yanaşmayan insanlardır, çünkü bağışlamak o özel kapıyı kapatacaktır. Bağışladığımızda ve serbest bıraktığımızda, omuzlarımızdan sadece büyük bir yük kalkmakla kalmaz, aynı zamanda kendimize karşı bir sevgi kapısı açılır. İnsanlar sık sık "Oh, omuzlarımdan çok büyük bir yük kalktı," diyorlar, çünkü gerçekten de çok uzun süredir taşıdıkları bir yükten kurtuluyorlar. Dr. John Harrison, kişinin kendini ve ebeveynlerini bağışlamasının, antibiyotiklerden daha fazla hastalığı iyileştirebildiğini söylüyor.

Çocukların ebeveynlerini sevmekten vazgeçmesi için çok şey yaşamaları gerekir ama bu olduğunda, bağışlamaları daha da zordur. Bağışlamadığımızda, bir türlü serbest bırakamadığımızda, kendimizi geçmişe bağlarız ve geçmişe sıkışıp kaldığımızda, şimdide yaşayamayız; şimdide yaşayamadığımız takdirde de nasıl görkemli ve parlak bir gelecek yaratabiliriz ki? Geçmişten gelen eski çöpler, gelecek için daha fazla çöp yaratır.

✣ ✣ ✣

Ayna karşısında olumlamalar avantajlıdır, çünkü varlığınızın gerçeğini öğrenirsiniz. Bir olumlu ifade kullandığınızda ve hemen ardından "Kimi kandırıyorsun? Bu doğru olamaz. Bunu hak etmiyorsun," şeklinde olumsuz bir cevap aldığınızda, kullanacağınız bir hediye kazanmış olursunuz. Sizi neyin geri tuttuğunu öğrenene kadar, istediğiniz değişiklikleri yapamazsınız. Henüz keşfettiğiniz olumsuz tepki, özgürlüğün anahtarı gibidir. Bu olumsuz tepkiyi, *"Artık bütün güzellikleri hak ediyorum. Hayatımı iyi deneyimlerle dolduracağım,"* gibi olumlu ifadelerle değiştirin. Hayatınızın yeni bir parçası haline gelene kadar yeni olumlu ifadeyi tekrarlamaya devam edin.

Sadece tek bir kişi olumlu düşündüğünde ailelerin muazzam şekilde değiştiklerini gördüm. *Hayride*'daki birçok kişi, sorunlu aile ortamlarından gelmektedir. Ebeveynleri onlarla konuşmamaktadır. Onlara şu olumlamayı tekrarlatırım: *"Ailemdeki herkesle harika, sevgi dolu, sıcak, açık bir iletişimim var; buna annem de* (ya da sorun yaşanılan kişi her kimse) *dahil."* O kişi veya aile akla geldiği her seferinde, aynaya gitmelerini ve olumlu ifadeyi birkaç kez tekrarlamalarını öneriyorum. Ebeveynlerin üç, altı veya dokuz ay sonra toplantıya geldiklerini görmek gerçekten harika oluyor.

10. Son olarak, kendinizi *şu an* sevin; her şeyi düzeltene kadar beklemeyin. Kendinizden memnun olmamak, bir alışkanlıktır. Şimdi kendinizden memnun olabilirseniz, kendinizi şimdi sevip onaylayabilirseniz, hayatınıza iyi şeyler geldiğinde tadına varabilirsiniz. Bir kez kendinizi sevmeyi öğrendiğinizde, başka insanları sevmeyi ve kabul etmeyi öğrenebilirsiniz.

Başkalarını değiştiremediğimiz için onları rahat bırakırız. Başkalarını farklı hale getirmek için çok fazla enerji harcarız. O enerjinin yarısını kendi üzerimizde kullansak, kendimizi farklı kılabilirdik ve kendimiz farklı olduğumuzda, başkaları da bize buna uygun olarak tepki verirdi.

Hayatı başka bir kişinin yerine öğrenemezsiniz. Herkes kendi dersini öğrenmek zorundadır. Yapabileceğiniz tek şey, kendi adınıza öğrenmektir ve bunun ilk adımı kendinizi sevmektir, çünkü bunu yaptığınızda başkalarının yıkıcı davranışları sizi yıpratmaz. Eğer değişmek istemeyen gerçekten olumsuz biriyle bir sorun yaşıyorsanız, ondan uzaklaşmak için de kendinizi yeterince sevmelisiniz.

✣ ✣ ✣

Konferanslarımdan birinde bir kadın bana kocasının çok olumsuz olduğunu ve onun iki çocuğunun üzerinde olumsuz bir etki yaratmasını istemediğini söylemişti. Ona kocasının harika, destekleyici, kendi üzerinde çalışan ve en iyi özelliklerini ortaya koyan bir adam olduğu yönünde olumlu ifadeler kullanmasını söyledim. Ona olmasını istediği şeyi onaylamasını ve kocası olumsuz davrandığı her seferinde, zihninde o ifadeyi tekrarlamasını tavsiye ettim. Ama ne olursa olsun olumsuz şekilde devam ederse, cevap kendi içinde de olabilirdi; ilişki yürümüyor demekti.

Ülkemizde giderek artan boşanma oranları yüzünden, bence birçok kadının çocuk sahibi olmadan önce kendine sorması gereken soru şudur: "Bu çocuklara kendi başıma bakmaya gerçekten istekli miyim?" Tek ebeveyn olmak giderek bir norm haline geliyor ve neredeyse her örnekte, çocukları tek başına büyütme sorumluluğunu alan kişi kadın oluyor. Evliliklerin bir ömür boyu sürdüğü bir dönem vardı ama artık zaman değişti ve artık kesinlikle düşünülmesi gereken bir konu haline geldi.

Çok sık görülen bir şekilde, insanlar kendilerini taciz içeren ilişkilere ve aşağılanmalara mahkum ediyorlar. Şöyle diyorlar: "Ben sevilmeyi hak etmiyorum, bu yüzden burada kalacağım ve bu davranışı kabulleneceğim, çünkü bunu hak etmiş olmalıyım ve başka birinin beni istemeyeceğinden eminim."

Bunun kulağa fazla basit geldiğini ve aynı ifadeleri tekrarladığımı biliyorum ama herhangi bir sorunu ortadan kaldırmanın en hızlı yolunun kendimizi olduğumuz gibi sevmemiz olduğuna inanıyorum. Gönderdiğimiz sevgi titreşimlerinin, bizi sevgi dolu insanlara çektiğini görmek inanılmaz.

✤ ✤ ✤

Buraya geliş amacımızın koşulsuz sevgiye ulaşmak olduğuna inanıyorum. Bu, içsel kabullenme ve kendini sevmeyle başlıyor.

Buraya, başkalarını memnun etmeye veya onların yaşam tarzlarını yaşamaya gelmediniz. Ancak kendi tarzınızla yaşayabilir ve kendi yolunuzda ilerleyebilirsiniz. Buraya potansiyelinizi gerçekleştirmeye ve en derin seviyede sevginizi ifade etmeye geldiniz. Öğrenmek, gelişmek, şefkat ve anlayışı bulmak ve vermek için buradasınız. Gezegeni terk ettiğinizde, ilişkilerinizi, otomobilinizi, banka hesabınızı veya işinizi beraberinizde götürmeyeceksiniz. Yanınızda götüreceğiniz tek şey, sevme kapasitenizdir!

9. BÖLÜM

İÇİMİZDEKİ ÇOCUĞU SEVMEK

Başka insanlarla yakınlık kuramıyorsanız,
bunun nedeni içinizdeki çocuğa
nasıl yaklaşacağınızı bilmemenizdir.
İçinizdeki çocuk korkmuştur ve incinmiştir.
İçinizdeki çocuğu yalnız bırakmayın.

İncelemeye başlamak istediğimiz temel konulardan biri, içinizdeki unutulmuş olan çocuğu iyileştirmektir. Çoğumuz, o içimizdeki çocuğu uzun zamandır ihmal ediyoruz.

Kaç yaşında olduğunuz fark etmez; hepinizin içinde sevgiye ve kabullenilmeye ihtiyaç duyan küçük bir çocuk vardır. Bir kadınsanız, kendi ayaklarınızın üzerinde durmanız fark etmez, içinizde son derece nazik ve yardıma ihtiyaç duyan küçük bir kız vardır; bir erkekseniz, ne kadar maço olduğunuzun bir önemi yoktur, içinizde sıcaklık ve şefkate muhtaç küçük bir erkek çocuğu vardır.

Geçtiğiniz her yaş içinizdedir; bilinçaltınızda ve hafızanızda. Çocukluğumuzda, bir şey ters gittiğinde, kendimizde bir terslik olduğuna inanma eğilimindeydik. Çocuklar, doğru şeyler yaparlarsa ebeveynlerinin onları seveceklerine ve cezalandırmayacaklarına veya dövmeyeceklerine inanırlar.

Dolayısıyla, çocuk bir şey istediğinde ve onu elde edemediğinde, şöyle inanır: "Yeterince iyi değilim. Kusurluyum." Yaşımız büyüdükçe, benliğimizin belli parçalarını ihmal eder ve dışlarız.

Hayatlarımızın bu noktasında – tam şu anda – kendimizi yeniden bütünleştirmeye ve kimliğimizin her parçasını kabullenmeye başlamak zorundayız; bütün o aptalca şeyleri yapan, gülünç görünen, korkan, aptalca ve komik davranan, yüzüne yumurta yapışan o parçaları. Kısacası, benliğimizin her parçasını.

Yaklaşık olarak beş-altı yaşlarımızdayken yoldan çıktığımıza inanıyorum. Kendimizde bir sorun olduğunu düşündüğümüz için bir karar veriyoruz ve içimizdeki çocukla bağlantımızı kaybediyoruz.

Ama içimizde bir ebeveyn de var. Bir çocuğunuz, bir ebeveyniniz var ve çoğu zaman ebeveyn çocuğu azarlıyor; hem de neredeyse hiç durmadan. Eğer içsel konuşmalarınızı dinlerseniz, o azarları duyabilirsiniz. Ebeveynin neyi yanlış yaptığınızı veya nasıl yeterince iyi olmadığınızı söylediğini duyabilirsiniz.

Bunun sonucunda, kendi içimizde bir savaş başlatırız ve ebeveynlerimizin bizi eleştirdiği gibi kendimizi eleştirmeye başlarız. "Sen aptalsın. Yeterince iyi değilsin. Bir türlü doğru yapamıyorsun. Yine berbat ettin!" Bu bir alışkanlığa dönüşür. Yetişkinliğe ulaştığımızda, çoğumuz içimizdeki çocuğu bir kenara atarız veya eleştirilmeye alıştığımız şekilde çocuğu eleştiririz. Bu kalıbı defalarca tekrarlarız.

✣ ✣ ✣

Bir defasında, içimizdeki çocuğu iyileştirmekle ilgili çok sayıda başarılı kitap yazan John Bradshaw'un her birimizin yetişkinliğe ulaştığımızda 25,000 saatlik ebeveyn kasetine sahip olduğumuzu söylediğini duymuştum. Sizce o kasetin kaç saatlik kısmı size ne kadar harika olduğunuzu söylüyor? Ne kadarı size sevildiğinizi, zeki ve başarılı olduğunuzu söylüyor? Yapmayı istediğiniz her şeyi yapabileceğinizi ve ileride en büyük insanlardan biri olacağınızı? İşin gerçeği, o kasetin kaç saatlik bölümü çeşitli şekillerde size "Hayır, Hayır, Hayır," diyor?

Kendimize bu kadar sık *hayır* veya *olmalı* dememize şaşmamak gerek. O eski kasetlere tepki veriyoruz. Ama onlar sadece kasettir, varlığınızın gerçekliği değildir. Sadece yanınızda taşıdığınız şeylerdir; silinebilir veya yeniden kaydedilebilirler.

Kendinize korktuğunuzu söylediğiniz her seferinde, korkan kişinin içinizdeki çocuk olduğunu anlayın. Aslında korkan kişi yetişkin değildir ama yetişkin, çocuğun yanında değildir. Yetişkin ve çocuğun, birbirleriyle ilişki kurmaları gerekir. Yaptığınız her şey hakkında birbirleriyle konuşmalıdırlar. Bunun kulağa saçma geldiğini biliyorum ama işe yarıyor. Ne olursa olsun, asla kaçmayacağınızı veya arkanızı dönmeyeceğinizi çocuğun bilmesini sağlayın. Daima orada, yanında olacak ve onu seveceksiniz.

Örneğin, çok küçükken bir köpekle kötü bir deneyim yaşadıysanız; sizi korkutmuş veya ısırmış olabilir ve şimdi yetişkinliğe ulaşmış, iri ve güçlü bir bedene kavuşmuş olmanıza rağmen içinizdeki küçük çocuk hâlâ köpeklerden korkuyor olabilir. Sokakta orta büyüklükte bir köpek görürsünüz, normalde size zarar verme olasılığı pek yoktur ama içinizdeki küçük çocuk paniğe kapılır ve "KÖPEK!!!" der, "Canım yanacak!" Bu, içinizdeki ebeveynin o çocuğa "Sorun yok, ben artık yetişkinim," demesi için uygun bir zamandır. "Ben seninle ilgileneceğim, seni koruyacağım ve köpeğin senin canını yakmasına izin vermeyeceğim. Artık korkmana gerek yok." İçinizdeki çocuğa bu şekilde ebeveynlik yapmaya başlayın.

Geçmişten Gelen Kırgınlıkları İyileştirmek

İçimizdeki çocuk üzerinde çalışmanın, geçmişten gelen kırgınlıkları iyileştirmekte çok işe yaradığını gördüm. Her zaman içimizdeki korkmuş çocuğun duygularına dokunamayız. Çocukluğunuz korku dolu ve şiddetli geçtiyse, şimdi siz de kendinizi hırpalar, içinizdeki çocuğa büyük ölçüde aynı şekilde davranırsınız. Ama içinizdeki çocuğun gidecek bir yeri yoktur. Siz, ebeveynlerinizin sınırlamalarının ötesine geçmek zorundasınız. İçinizdeki kaybolmuş çocukla bağlantı kurmak zorundasınız. Onunla ilgilendiğinizi ve korunduğunu bilmesi gerek.

Şimdi bir an durun ve içinizdeki çocuğa onunla ilgilendiğinizi söyleyin: "Seninle ilgileniyorum. Seni seviyorum. Seni gerçekten seviyorum." Belki bunu içinizdeki büyük kişiye, ebeveyne söylüyor olabilirsiniz. Bu yüzden, küçük çocukla konuşmaya başlayın. Birkaç gün boyunca onun elini tuttuğunuzu ve gittiğiniz her yere götürdüğünüzü zihninizde canlandırın ve ne kadar mutlu deneyimler yaşadığını kendiniz görün.

Benliğinizin o kısmıyla iletişim kurmak zorundasınız. Gerçekte duymak istediğiniz mesajlar neler? Sakince oturun, gözlerinizi kapayın ve çocukla konuşun. Onunla 62 yıldır konuşmadıysanız, çocuğun gerçekten onunla konuşmak istediğinize inanması için birkaç kez denemeniz gerekebilir. Kararlı olun: *"Seninle konuşmak istiyorum. Seni görmek istiyorum. Seni sevmek istiyorum."* Zamanla bağlantı kuracaksınız. İçinizdeki çocuğu görebilir, onu hissedebilir, onu duyabilirsiniz.

O küçük çocukla konuştuğunuzda ilk kullanacağınız ifadelerden biri, özür dilemek olmalıdır. Bütün bu yıllar boyunca onunla konuşmadığınız veya uzun süredir onu azarladığınız için üzgün olduğunuzu söyleyin. Birbirinizden uzak geçirdiğiniz bütün bu süreyi telafi etmek istediğinizi söyleyin. Onu nasıl mutlu edebileceğinizi sorun. Çocuğa onu neyin korkuttuğunu sorun. Nasıl yardımcı olabileceğinizi ve sizden ne istediğini sorun.

Basit sorularla başlayın; cevapları alacaksınız: *"Seni mutlu etmek için ne yapabilirim? Bugün ne yapmak istersin?"* Örneğin, çocuğa "Ben koşmak istiyorum, sen ne yapmak istiyorsun?" diye sorabilirsiniz. "Sahile gitmek istiyorum," diyebilir. İletişim başlayacaktır. Sabırlı ve kararlı olun. İçinizdeki o küçük kimlikle bağlantı kurmak için günde birkaç dakikanızı ayırarak başlarsanız, hayatınız çok daha iyi hale gelecektir.

İçinizdeki Çocukla İletişim Kurmak

Bazılarınız, içinizdeki çocukla çalışmaya başlamış olabilirsiniz. Bu konuda yazılmış çok çeşitli kitaplar var ve yaygın şekilde atölye çalışmaları ve konferanslar düzenleniyor.

John Pollard'ın yazdığı *Self-Parenting* (Kendi Kendine Ebeveynlik) adlı kitap harikadır ve içinizdeki çocukla yapabileceğiniz çok çeşitli egzersiz ve faaliyetlerle doludur. Eğer içinizdeki çocukla çalışmak konusunda ciddiyseniz, size bu kitabı okumanızı öneririm. Daha önce belirttiğim gibi, bu alanda sunulan çok fazla yardım var. Yalnız ve çaresiz değilsiniz ama dışarı uzanmak ve yardım istemek zorundasınız.

✤ ✤ ✤

Başka bir öneri, çocukluğunuza ait resimler bulmak olabilir. Fotoğraflara gerçekten bakın. Acınası küçük bir çocuk mu görüyorsunuz, yoksa mutlu bir çocuk mu?

Gördüğünüz şeyle bağlantı kurun. Korkmuş bir çocuk görüyorsanız, neden korktuğunu sorun ve kendisini daha iyi hissettirecek bir şeyler yapmaya başlayın. Kendi gençliğinize ait fotoğraflar bulun ve her fotoğraftaki çocukla konuşun.

Ayna karşısında içinizdeki çocukla konuşmak da işe yarar. Çocukken takma bir isminiz olduysa, o ismi kullanın. El altında bir kutu kağıt mendil bulundurun, çünkü bol bol ağlayabilirsiniz. Size aynanın karşısında oturmanızı öneririm, çünkü ayakta durursanız, iş zorlaştığı anda kapıdan çıkıp kaçmak istersiniz. Bunun yerine, elinizde kağıt mendil kutusuyla aynanın karşısına oturun ve konuşmaya başlayın.

✤ ✤ ✤

Yapabileceğiniz diğer bir egzersiz, yazıyla iletişim kurmak olabilir. Yine, bir sürü bilgi yüzeye çıkacaktır. İki farklı renkte tükenmez veya keçeli kalem kullanın. Birini baskın elinize alarak bir soru yazın. Diğer elinizde farklı renkte bir kalemle, çocuğun cevap vermesini bekleyin. Bu inanılmaz bir egzersizdir. Soruyu yazarken, yetişkin cevabı bildiğini sanır ama diğer elinizle kalemi aldığınız anda, cevap genellikle tahmin ettiğinizden farklı olur.

Birlikte resim de yapabilirsiniz. Birçoğunuz muhtemelen çocukluğunuzda resim yapmayı ve boyamayı seviyordunuz ama bir süre sonra size düzgün boyamanız ve çizgilerin dışına taşırmamanız söylendi. Tekrar resim yapmaya başlayın. Normalde kullanmadığınız elinizle, yeni olmuş bir olayın resmini yapmaya çalışın.

İçinizdeki çocuğa bir soru sorun ve baskın olmayan elinizle resmi çizerek neyin ortaya çıkacağına bakın.

Küçük çekirdek gruplar halinde başkalarıyla bir araya gelebilirseniz, bu fikirler üzerinde birlikte çalışabilirsiniz. Hepiniz içlerinizdeki küçük çocuklara resimler yaptırabilir, sonra birlikte oturup resimlerin anlamını dikkatle tartışabilirsiniz. Alacağınız bilgi, hiç beklenmedik şekilde açıklayıcı olabilir.

✣ ✣ ✣

İçinizdeki küçük çocukla oynayın. Çocuğun sevdiği şeyleri yapın. Küçükken, gerçekte ne yapmaktan hoşlanırdınız? O şeyi en son ne zaman yapmıştınız? Genellikle, ebeveynlerimiz bize eğlenmeyi bırakmamızı söyler, çünkü bu yetişkinlere yakışan bir davranış değildir. Oynamak ve eğlenmek için zaman ayırın. Çocukluğunuzda yaptığınız gülünç şeyleri yapın; yaprak yığınları arasında zıplamak ve su hortumlarının altından koşmak gibi. Diğer çocukların oyunlarını izleyin. Bu, size oynadığınız oyunların anılarını getirecektir.

Hayatınızda daha fazla eğlence istiyorsanız, içinizdeki çocukla bağlantı kurun ve o doğaçlama ve mutluluk merkezinden yola çıkın. Hayatınızda daha fazla eğlenmeye başlayacağınıza söz veriyorum.

✣ ✣ ✣

Çocukluğunuzda hoş karşılanıyor muydunuz? Ebeveynleriniz doğduğunuz için gerçekten sevinçli miydi? Cinsiyetinizden memnunlar mıydı, yoksa karşı cinsten bir bebek mi istemişlerdi? Bir çocuk olarak istendiğinizi *hissediyor* muydunuz? Siz geldiğinizde bir kutlama olmuş muydu? Tepkiler her nasıl olmuşsa, şimdi çocuğu hoş karşılayın. Bir kutlama yaratın. Yeni hayatına başlayan minik bir bebeğe söylenecek türden harika şeyler söyleyin.

Çocukluğunuzda ebeveynlerinizin size hep söylemelerini istediğiniz şeyler nelerdi? Duymak istediğiniz ama hiç söylemedikleri şeyler nelerdi? Pekala, çocuğa o şeyi söyleyin. Bir ay boyunca her gün belli bir süre aynaya bakarak çocuğa o şeyi söyleyin ve neler olacağını kendiniz görün.

Çocukluğunuzda alkol bağımlısız veya tacizci ebeveynleriniz olduysa, meditasyon yapabilir ve onları zihninizde ayık, ağırbaşlı, nazik insanlar olarak canlandırabilirsiniz. Çocuğa istediği şeyleri verin. Muhtemelen çok uzun zamandır bunlardan mahrum kaldı. Bu çocukla birlikte yaşamak istediğiniz türden hayatı zihninizde canlandırın. Çocuk kendini mutlu ve güvende hissettiğinde, size güvenebilir. Ona şunu sorun: *"Bana güvenebilmen için yapmam gereken şey nedir?"* Yine, aldığınız cevaplar sizi şaşırtacaktır.

Sevgiyle yaklaşmayan ebeveynleriniz olduysa ve onlarla bağlantı kurmak sizin için gerçekten zorsa, sevgi dolu bir baba ve annenin imajına uygun bir resim bulun. O resimleri kendi çocukluk resimlerinizin etrafına koyun. Yeni imgeler yaratın. Gerekiyorsa, çocukluğunuzu baştan yazın.

✣ ✣ ✣

Küçüklüğünüzde kazandığınız inançlar, hâlâ o küçük çocuğun içindedir. Ebeveynlerinizin sabit fikirleri olduysa ve kendinize karşı çok sertseniz veya duvarlar inşa etme eğilimindeyseniz, çocuk muhtemelen ebeveynlerinizin kurallarını izliyor olabilir. Her hatanızda kendinizi suçlamaya devam ediyorsanız, içinizdeki çocuk için sabahları uyanmak çok korku verici olmalıdır. "Bugün bana ne için bağıracak?" diye düşünüyordur.

Ebeveynlerimizin geçmişte bize yaptıkları şeyler, onların bilincine göreydi. Ama artık ebeveyn biziz. Kendi bilincimizi kullanıyoruz. Hâlâ o küçük çocukla ilgilenmeyi reddediyorsanız, kırgınlıklarınıza saplanmışsınız demektir. Değişmez bir şekilde, bu hâlâ bağışlamanız gereken biri olduğu anlamına gelir. Kendinizi bağışlamadığınız şey nedir? Neyi serbest bırakmanız gerekiyor? Pekala, her neyse, sadece bırakın gitsin.

Şimdi çocuğa övgü ve ilgi vermiyorsak, suçlanacak kişi ebeveynlerimiz değildir. Onlar kendi dönemlerinde sadece doğru bildikleri şeyi yapıyorlardı. Ama şimdi, şu anda, içimizdeki çocuğu geliştirmek ve ihtiyacı olan şeyleri vermek için ne yapmamız gerektiğini biz biliyoruz.

✣ ✣ ✣

Evcil hayvan beslemiş olanlarınız, eve geldiğinizde beslediğiniz hayvanın sizi kapıda karşılamasının ne demek olduğunu bilirsiniz. Ne giydiğiniz umurunda değildir. Kaç yaşında olduğunuzu, yüzünüzdeki kırışıklıkları veya o gün ne kadar para kazandığınızı önemsemez. Hayvan sadece orada olmanızla ilgilenir ve sizi koşulsuz şekilde sever. Kendiniz için bunu yapın. Hayatta ve burada olmaktan dolayı heyecan duyun. Sonsuza dek yaşayacak kişi sizsiniz. Siz içinizdeki çocuğu sevmeye istekli olana kadar, başka insanların sizi sevmesi çok zordur. Kendinizi koşulsuz bir şekilde ve açık kalplilikle kabullenin.

✣ ✣ ✣

İçimizdeki çocuğa kendini güvende hissettirmek için genellikle meditasyonun işe yaradığını görürüm. Ensest deneyimi yaşamış bir çocuk olduğumdan, kendi küçük kızım için harika bir imge yarattım.

Öncelikle, *Oz Büyücüsü*'ndeki Billie Burke'e benzeyen bir peri büyükannesi var, çünkü bu hoşuna gidiyor. Onunla olmadığımda, peri büyükannesiyle birlikte ve güvende olduğunu biliyorum. Aynı zamanda, bir kapıcı ve iki büyük köpekle bir teras katında yaşıyor ve dolayısıyla, kimsenin bir daha onu incitemeyeceğini biliyor. Ona kendini kesinlikle güvende hissettirebildiğimde, yetişkin olarak acı verici deneyimleri silebiliyorum.

Yakın zamanda bir defasında kontrolümü kaybettim ve iki saat boyunca ağladım. İçimdeki küçük çocuğun aniden çok canının yandığını ve kendini savunmasız hissettiğini fark ettim. Ona kendisinin kötü bir şey yapmadığını, hatalı olmadığını söylemem gerekti. Sadece, geçmişte olmuş bir şeye tepki veriyordu. Elimden geldiğince çabuk şekilde meditasyon yaptım ve olumlu ifadeler kullandım; bunları yaparken, beni destekleyecek ve sevecek çok daha büyük bir *güç* olduğunu biliyordum. Sonrasında, küçük kız artık kendini yalnız ve savunmasız hissetmiyordu.

Oyuncak ayılara da çok inanırım. Çoğunlukla küçük çocukların ilk arkadaşları oyuncak ayılardır. O sizin sırdaşınızdır, çünkü ona bütün sorunlarınızı anlatabilirsiniz, sırlarınızı paylaşabilirsiniz ve asla size ihanet etmez. Daima yanınızdadır. Oyuncak ayınızı dolaptan çıkarın ve içinizdeki çocuğa geri verin.

Hastanelerde her yatağa oyuncak ayı konsa, içimizdeki çocuk gecenin bir yarısında kendini yalnız ve korkmuş hissettiğinde ona sarılabilse, harika olurdu.

Benliğinizdeki Parçalar

İlişkiler harikadır, evlilikler harikadır ama gerçek şu ki hepsi geçicidir. Ama kendinizle ilişkiniz ölümsüzdür. Sonsuza kadar devam edecektir. İçinizdeki aileyi sevin; çocuğu, ebeveyni ve arada kalmış genci.

İçinizde ergenlik çağında bir genç olduğunu da unutmayın. Onu hoş karşılayın ve kucaklayın. Küçük çocukla olduğu gibi, onunla da çalışın. Ergenlik çağınızda yaşadığınız sorunlar nelerdi? Küçük çocuğa sorduğunuz soruları, o gence de sorun. Onun ergenliğin ürkütücü dönemlerinden ve zorlayıcı anlarından sıyrılmasını sağlayın. Böyle anları dengeye sokun. Küçük çocuğu sevmeyi öğrendiğiniz gibi, o genci sevmeyi de öğrenin.

✣ ✣ ✣

İçimizdeki çocuğu kabullenip sevene kadar, kendimizi kabullenip sevemeyiz. İçinizdeki küçük ve kayıp çocuk kaç yaşında? Üç, dört, beş? Genellikle çocuk beş yaşından küçüktür, çünkü genel olarak içimizdeki çocuğu o yaşlarda geride bırakırız.

Çocuğun elini tutun ve onu sevin. Kendiniz ve içinizdeki çocuk için harika bir hayat yaratın. Kendinize şunu söyleyin: *"İçimdeki çocuğu sevmeye istekliyim. Bunu istiyorum."* Evren size cevap verecektir. Kendinizi ve o çocuğu iyileştirmenin yolunu bulacaksınız. İyileşmek istiyorsak, duygularımızı hissetmeye ve onların ötesine geçmeye istekli olmalıyız. Unutmayın, *yüksek gücümüz* daima çabalarımızı desteklemek için hazırdır.

Küçük çocukluk yıllarınız nasıl geçmiş olursa olsun, sadece siz hayatınızı yönetiyorsunuz. Zamanınızı ebeveynlerinizi veya o dönemdeki ortamınızı suçlayarak geçirebilirsiniz ama bu, kurban durumunda kalmanıza neden olur. Asla istediğiniz güzellikleri elde etmenizi sağlamaz.

Sevgi, bildiğim en büyük silgidir. En derin ve en acı verici anıları bile siler, çünkü sevgi, diğer her şeyden çok daha derine iner. Geçmişle ilgili zihinsel imgeleriniz güçlüyse ve "Hepsi onların hatası," diye düşünüp konuşmaya devam ediyorsanız, bulunduğunuz durumdan kurtulamazsınız. Acı mı, yoksa zevk ve mutluluk dolu bir yaşam mı istiyorsunuz? Seçenek ve güç daima sizin içinizdedir. Kendi gözlerinize bakın, kendinizi ve içinizdeki o küçük çocuğu sevin.

10. BÖLÜM

BÜYÜMEK VE YAŞLANMAK

Ebeveynlerinize, onların size karşı olmasını istediğiniz kadar anlayışlı davranın.

Ebeveynlerimizle İletişim Kurmak

Ben büyürken, ergenlik yıllarım çok zor geçti. Kafamda bir sürü soru vardı ama cevapları bildiklerine inananları dinlemek istemiyordum; özellikle de yetişkinleri. Her şeyi kendi başıma öğrenmek istiyordum, çünkü yetişkinlerin bana verdiği bilgilere güvenmiyordum.

Tacize uğramış bir çocuk olarak, ebeveynlerime karşı özellikle düşmanca davranıyordum. Üvey babamın bana neden o şekilde davrandığını anlayamıyordum; annemin duruma seyirci kalmasını da. Kandırılmış, anlaşılmamış hissediyordum ve özel olarak ailemin, genel olarak da dünyanın bana karşı olduğunu düşünüyordum.

Başkalarına danışmanlık yaparak geçirdiğim yıllar boyunca, birçok kişinin ebeveynleriyle ilgili benzer duygular paylaştığını gördüm. Ergenlik çağındaki gençlerin duygularını tanımlamak için kullandığı en yaygın kelimeler şunlardı: *Kapana kısılmış, yargılanmış, her adımı izlenmiş* ve *yanlış anlaşılmış*.

Elbette ki herhangi bir durumda bilinçli ve uzlaşmacı ebeveynlere sahip olmak harika olurdu ama çoğu durumda bu mümkün değildir. Ebeveynlerimiz de hepimiz gibi insan olmasına rağmen, sık sık bize haksızlık yaptıklarını, anlayışsız davrandıklarını ve neler olup bittiği konusunda hiçbir fikirleri olmadığını düşünürüz.

✤ ✤ ✤

Danışmanlık yaptığım genç bir adam, babasıyla ilişkilerinde çok zorlanıyordu. Ortak bir noktaları olmadığını hissediyordu ve babası onunla konuştuğunda, sadece olumsuz veya aşağılayıcı bir yorumda bulunuyordu. Genç adama, dedesinin babasına nasıl davrandığını bilip bilmediğini sordum ve bilmediğini itiraf etti. Büyükbabası, kendisi doğmadan çok önce ölmüştü.

Babasına kendi çocukluğuyla ve bunun onu nasıl etkilediğiyle ilgili sorular sormasını söyledim. Başlangıçta genç adam tereddütlüydü, çünkü yargılandığını veya alay konusu olduğunu hissetmeden babasıyla konuşması çok zordu. Ama riski göze aldı ve bu yaklaşımı uygulamayı kabul etti.

Onu bir kez daha gördüğümde, genç adam çok daha rahat görünüyordu. "Vay canına," dedi, "babamın nasıl bir çocukluk geçirdiğini hiç anlamamışım." Görünüşe bakılırsa, büyükbabası bütün çocuklarından kendisine *Efendim* demelerini beklemiş, babası ve kardeşleri çocukların görüldüğü ama duyulmadığı o eski standartlara göre yaşamaya zorlanmıştı. Babalarına karşı gelmeye cesaret ettiklerinde, ciddi şekilde dayak yiyorlardı. Babasının bu kadar eleştirel olmasına şaşmamak gerekirdi.

Büyürken, birçoğumuz çocuklarımıza kendimize davranılandan farklı davranacağımız konusunda iyi niyetler sürdürürüz. Ama bildiğimiz şeylerin büyük bölümünü etrafımızdaki dünyadan öğreniriz ve er ya da geç, biz de ebeveynlerimiz gibi konuşup hareket etmeye başlarız.

Bu genç adamın durumunda, babası, kendi babasının yaptığı gibi, oğlunun üzerinde sözel taciz uyguluyordu. Bunu yapmak niyetinde olmayabilirdi; sadece kendi yetişme tarzına uygun hareket ediyordu.

Ama genç adam babası hakkında anlayışını biraz daha geliştirdiğinde, doğal bir sonuç olarak daha özgürce iletişim kurmaya başlamışlardı. İletişim seviyelerinin ideal olabilmesi için ikisinin de çok çaba harcaması gerekecekti ama en azından artık yeni bir yöne girmişlerdi.

✣ ✣ ✣

Hepimizin ebeveynlerimizin çocukluk dönemleriyle ilgili düşünmemizin çok önemli olduğuna inanıyorum.

Eğer ebeveynleriniz hâlâ hayattaysa, onlara şunları sorabilirsiniz: *"Sen büyürken hayatın nasıldı? Ailende sevgi nasıl ifade edilirdi? Ebeveynlerin seni nasıl cezalandırırdı? O günlerde ne tür yaşıt baskılarıyla karşılaşıyordun? Ebeveynlerin, flört ve arkadaşlık ettiğin insanlardan hoşlanıyor muydu? Büyürken çalıştığın bir işin var mıydı?"*

Ebeveynlerimiz hakkında daha çok şey öğrenerek, onları biçimlendirerek oldukları kişi haline getiren kalıpları öğrenebilir, buna karşılık bize neden belli bir şekilde davrandıklarını anlayabiliriz. Ebeveynlerimizle empati yapmayı öğrendikçe, onları yeni, daha sevgi dolu bir gözle görürüz. İletişime daha fazla izin veren, daha sevgi dolu bir ilişki geliştirmek için kapı açabilirsiniz; karşılıklı güven ve saygıyla.

Ebeveynlerinizle konuşmakta bile zorlanıyorsanız, öncelikle zihninizde veya ayna karşısında işe başlayın. Kendinizi onlara şunu söylerken hayal edin: "Seninle konuşmak istediğim bir konu var." Günler boyunca bunu yapın. Neyi nasıl söylemek istediğinize karar vermenize yardımcı olacaktır.

Ya da meditasyon yapın ve zihninizde, ebeveynlerinizle konuşup eski meseleleri temizleyin. Onları ve kendinizi bağışlayın. Onlara, kendilerini sevdiğinizi söyleyin. Sonra, aynı şeyleri yüzlerine söylemeye hazırlanın.

✣ ✣ ✣

Gruplarımdan birinde, genç bir adam bana içinde çok fazla öfke olduğunu ve başkalarına güvenmediğini söylemişti. Bu güvensizlik kalıbını bütün ilişkilerinde sürekli tekrarlıyordu. Sorunun kaynağına indiğimizde, bana babasına karşı çok öfkeli olduğunu, çünkü istediği gibi bir kişi olmadığını söyledi.

Ruhsal bir yola girdiğimizde, karşımızdaki kişiyi değiştiremeyiz. Öncelikle, ebeveynlerimize karşı beslediğimiz bütün birikmiş duyguları serbest bırakmamız ve sonra da onları olmalarını istediğimiz kişiler olmadıkları için bağışlamamız gerekir. Herkesin kendimiz gibi olmasını, bizim gibi düşünmesini, bizim gibi giyinmesini, yaptığımız şeyleri yapmasını isteriz. Ama sizin de bildiğiniz gibi, hepimiz birbirimizden son derece farklıyız.

Kendimiz olmak için gereken alanı bulmamız, başkalarına da bu fırsatı ve alanı sunmamıza bağlıdır. Ebeveynlerimizi olmadıkları bir şey olmaya zorlayarak, kendi sevgimizi onlardan esirgeriz. Tıpkı ebeveynlerimizin bizi yargıladığı gibi, biz de onları yargılarız. Ebeveynlerimizle bir şeyler paylaşmak istiyorsak, onlarla ilgili benimsediğimiz önyargılardan kurtulmamız gerekir.

✣ ✣ ✣

Birçoğunuz büyürken ebeveynlerinizle sürekli bir güç çekişmesi içinde olursunuz. Ebeveynleriniz sürekli düğmelerinize basıp durur ve eğer oyunu oynamak istemiyorsanız, tepki vermeyi bırakmanız gerekir. Artık büyüme ve ne istediğinize karar verme zamanıdır. Buna, ebeveynlerinize isimleriyle seslenerek başlayabilirsiniz. 40'lı yaşlarınıza geldiğinizde de ebeveynlerinize anne ve baba demeye devam etmek, sizi sadece çocukluk yıllarınızda tutar. Ebeveyn ve çocuk olmak yerine, iki yetişkin olmaya başlayın.

Diğer bir tavsiye, anne ve babanızla sürdürmek istediğiniz ilişkinin detaylarını belirten olumlu ifadeler yazmaktır. Bu kelimeleri kendi kendinize ilan ederek başlayın. Bir süre sonra, bunu anne veya babanızın kendisine söyleyebilirsiniz. Anne veya babanız hâlâ düğmelerinize basmaya devam ederse, kendinizi gerçekte nasıl hissettiğinizi onlara göstermiyorsunuz demektir. İstediğiniz gibi bir hayata kavuşma hakkına sahipsiniz. Bir yetişkin olma hakkına sahipsiniz. Kolay olmayabilir, biliyorum. Öncelikle, neye ihtiyacınız olduğuna karar verin ve sonra anne veya babanıza bunun ne olduğunu söyleyin. Onları yanıltmayın. "Bunu nasıl yoluna koyabiliriz?" diye sorun.

Unutmayın, bağışlayıcılık anlayışla gelir ve onu sevgi izler. Ebeveynlerimizi sevip bağışlayabileceğimiz bir noktaya eriştiğimizde, hayatımızdaki herkesle de tatmin edici ilişkiler yaşamak için doğru yolda olacağız.

Ergenlik Çağındaki Gençlerin Özgüvene İhtiyacı Vardır

Ergenlik çağındaki gençler arasında intihar oranının yükselmesi beni çok tedirgin ediyor. Görünüşe bakılırsa, giderek daha fazla sayıda genç insan hayatın sorumlulukları altında eziliyor ve azmetmek ve hayatın sunabileceği deneyimleri yaşamak yerine, vazgeçmeye eğilimli oluyor. Bu sorunun büyük bölümü, yetişkinler olarak bizlerin onların gerçek yaşam şartlarına karşılık vermelerini beklememizden kaynaklanıyor. Onların bizim yaptığımız gibi karşılık vermesini mi istiyoruz? Onları olumsuzluk bombardımanına mı tutuyoruz?

10-15 yaş arasındaki dönem, son derece önemlidir. Bu yaş grubundaki çocukların uyum sağlama eğilimi vardır ve yaşıtları tarafından kabul görmek için her şeyi yaparlar. Kabullenilme ihtiyaçları doğrultusunda, kabul edilmeyeceklerinden ve oldukları gibi sevilmeyeceklerinden korkarak, sık sık gerçek duygularını gizlerler.

Bugünün gençlerinin karşılaştıklarıyla kıyaslandığında önemsiz gibi görünse de, 15 yaşımdayken karşılaştığım yaşıt baskısı ve sosyal gerginliğe ek olarak fiziksel ve zihinsel taciz yüzünden, okuldan ve evden ayrıldım. Bugün uyuşturucu, fiziksel taciz, cinsel yoldan bulaşan hastalıklar, yaşıt baskıları, çeteler, aile sorunları gibi etkenler dikkate alındığında, küresel seviyede nükleer savaş, çevre çalkantıları, suç oranları ve terör bunlara eklendiğinde, gençlerin halini bir de siz düşünün.

Bir ebeveyn olarak, ergenlik çağındaki çocuğunuzla olumlu ve olumsuz yaşıt baskıları arasındaki farkları konuşabilirsiniz. Doğduğumuz günden bu gezegenden ayrıldığımız güne kadar, yaşıt baskıları daima bizimledir. Onunla başa çıkmayı ve bizi kontrol etmesine izin vermemeyi öğrenmek zorundayız.

Aynı şekilde, çocuklarımızın neden utangaç, yaramaz, üzgün, okulda yavaş, yıkıcı vs. olduğu konusunda bilgi ve anlayış geliştirmemiz önemlidir. Çocuklar, evde yerleşen düşünce ve duygu kalıplarından kolayca ve güçlü şekilde etkilenirler ve bu inanç sistemine dayanarak günlük kararlarını verir ve seçimlerini yaparlar. Eğer ev ortamı güven ve sevgi aşılamıyorsa, çocuk güveni, sevgiyi ve şefkati başka yerde arayacaktır. Birçok çete, çocukların kendilerini güvende hissettikleri bir yerdir. Ne kadar olumsuz şartlarda olsa da, aralarında bir aile bağı geliştirirler.

Genç insanlara harekete geçmeden önce bir soruyu kendilerine sormayı öğretsek, çok büyük zorlukları aşabiliriz diye düşünüyorum: *"Bu bana kendimi daha iyi hissettirecek mi?"* Ergenlik çağındaki gençlerin, her durumda önlerindeki seçenekleri görmelerini sağlayabiliriz. Seçenek ve sorumluluk, gücü tekrar ellerine almalarını sağlar. Bu, sistemde kendilerini kurban gibi hissetmeden bir şeyi yapmalarına fırsat tanır.

Çocuklara kurban olmadıklarını, kendi yaşamları için sorumluluk alarak deneyimlerini değiştirip biçimlendirebileceklerini öğretebilirsek, önemli gelişmeler kaydetmeye başlarız.

✣ ✣ ✣

Çocuklarla iletişimi açık tutmak kesinlikle çok önemlidir; özellikle de ergenlik çağındayken. Çocuklar sevdikleri ve sevmedikleri şeylerden söz etmeye başladıklarında, genellikle söylenen şeyler şunlardır: "Bunu söyleme. Şunu yapma. Öyle hissetme. Bu şekilde davranma. Böyle düşünme. Yapma, yapma, yapma." Zaman içinde çocuk iletişim kurmayı bırakır ve bazen evden ayrılır. Yaşlanırken çocuklarınızı yanınızda tutmak istiyorsanız, henüz gençlerken iletişim hatlarını açık tutun.

Çocuğunuzun eşsizliğini vurgulayın ve kutlayın. Ergenlik çağındaki gençlerin kendilerini kendi tarzlarıyla ifade etmelerine izin verin; hatta sadece geçici heves olduğunu düşünseniz bile. Onları haksız çıkarmaya veya yıkmaya çalışmayın. Gerçek şu ki kendi hayatımda birçok geçici hevesim oldu; sizin gibi ve çocuklarınızın da olacağı gibi.

Çocuklar, Bizim Davranışlarımızı Örnek Alırlar

Çocuklar asla onlara yapmalarını söylediğimiz şeyleri yapmazlar; *yaptığımız* şeyleri yaparlar. Kendimiz yaptığımız sürece onlara "Sigara içme," "İçki içme," "Uyuşturucu kullanma," diyemeyiz. Onlara örnek olmalıyız ve çocuklarımızın yaşamasını istediğimiz türde hayatlar yaşamalıyız. Ebeveynler kendilerini sevmek için çaba harcamaya gönüllü olduklarında, aile içinde oluşan uyum inanılmazdır. Çocuklar yeni bir özgüven duygusuyla tepki verirler ve kendi benliklerine değer vermeye ve saygı duymaya başlarlar.

Çocuğunuzla birlikte yapabileceğiz bir özgüven egzersizi, ulaşmak istediğiniz bazı hedefleri listelemek olabilir. Çocuğunuza bundan on yıl, bir yıl veya üç ay sonra kendisini nasıl görmek istediğini yazmasını söyleyin. Ne tür yaşamlar sürmek istiyorlar? Ne tür arkadaşlar edinmek istiyorlar? Onlara hedeflerinin listesini hazırlatın ve her birinin yanına o hedeflere nasıl ulaşabileceklerini yazmalarını söyleyin. Siz de aynı şeyi yapın.

Hedeflerinizi kendinize hatırlatmak için, listenizi el altında bulundurabilirsiniz. Üç ay sonra listelerinizi birlikte kontrol edin. Hedefleriniz değişti mi? İstedikleri şeye ulaşamadıkları takdirde çocuklarınızın kendilerini hırpalamalarına izin vermeyin. Listelerini her zaman için değiştirebilirler. Asıl önemli olan, gençlere gözlerini dikecekleri olumlu bir şeyler vermektir!

Ayrılık ve Boşanma

Ailede bir boşanma ve/veya ayrılık varsa, ebeveynlerin her birinin destekleyici olması önemlidir. Diğer ebeveyninin işe yaramaz olduğunun söylenmesi, bir çocuk için kesinlikle iyi değildir.

Ebeveyn olarak, olabildiğince çok şey deneyimlemek için korkularınızın ve öfkenizin ötesine geçerek kendinizi sevmek zorundasınız. Çocuklarınız sizin duygularınıza kapılacaktır. Çok fazla kargaşa ve acı yaşıyorsanız, bunu da öğrenirler. Çocuklarınıza, kendi "meselelerinizin" onlarla ve onların içsel değeriyle bir ilgisi olmadığını açıkça ifade edin.

Olan bir şeyin kendi suçları olduğu fikrine kapılmalarına asla izin vermeyin, çünkü çoğu çocuğun düşündüğü şey budur. Onları çok sevdiğinizi ve daima yanlarında olacağınızı bilmelerini sağlayın.

Her sabah çocuklarınızla birlikte ayna çalışması yapmanızı tavsiye ederim. Sizi zor zamanlardan kolayca geçirecek önermeler kullanın. Acı verici deneyimlerinizi sevgiyle serbest bırakın ve ilgili herkes için mutluluk önermeleri kullanın.

✣ ✣ ✣

California Eyaleti Özgüven, Kişisel ve Sosyal Sorumluluk Geliştirme Görev Grubu adında harika bir organizasyon var. 1987 yılında Meclis Üyesi John Vasconcellos tarafından kuruldu. Atanan üyeler arasında Jack Canfield ve Dr. Emmett Miller da vardı. Araştırmalarını destekliyorum ve okullara özgüven programları getirilmesi için devlete önerilerde bulunuyorum. Başka eyaletler de sınıflarda özgüven müfredatı ekleyerek akışa uyuyorlar.

Toplumumuzda çok büyük değişimlerin eşiğinde olduğumuza inanıyorum; özellikle de kendi içsel değerimizi anlamak konusunda. Özellikle öğretmenler kendi özdeğer duygularını doğru bir şekilde ele alabilirlerse, çocuklarımıza muazzam yarar sağlayabilirler. Çocuklar, hepimizin karşılaştığı sosyal ve ekonomik baskıları yansıtırlar. Özgüvenle ilgili her program, öğrencileri, ebeveynleri ve öğretmenleri, iş çevrelerini ve organizasyonları da içine alacaktır.

Zarif Bir Şekilde Yaşlanmak

Birçoğumuz yaşlanmaktan ve yaşlı görünmekten korkuyoruz. Yaşlanmayı korkunç ve sevimsiz bir hale getiriyoruz. Ama aslında normal ve doğal bir yaşam sürecidir bu. İçimizdeki çocuğu kabullenemez ve kendi kimliğimizle rahat olamazsak, bir sonraki aşamayı nasıl kabul edebiliriz?

Yaşlanmazsanız, alternatifi nedir? Gezegenden ayrılırsınız. Bir kültür olarak, adına "genç ibadeti" dediğim şeyi yarattık. Belli yaşlarda kendimizi sevmemiz çok kolay ama neden yaşlandıkça kendimizi önceki kadar sevemiyoruz? Zaman içinde hayatın her aşamasından geçecek değil miyiz?

Birçok kadın, yaşlanmayı düşündükleri zaman çok fazla endişe ve korku duyarlar. Eşcinsel toplum da genç ve güzel görünmek adına büyük kaygılar taşıyor. Yaşlanmak, saçlarınızın beyazlaması, cildinizin sarkıp kırışıklarla dolması anlamına gelir ve evet, ben yaşlanmak istiyorum. Yaşlanmak da burada olmanın bir parçasıdır. Hayatın her alanını deneyimlemek için buradayız.

Yaşlanıp hastalanmak istemediğimizi elbette ki anlıyorum ama bu iki fikri birbirinden ayırmak zorundayız. Ölmenin bir yolu olarak hastalanmadığımızı hayal edelim. Kişisel olarak, hastalık yoluyla ölmemiz gerektiğine inanmıyorum.

Bunun yerine, gitme zamanımız geldiğinde, başarmak için buraya geldiğimiz şeyi başardığımızda, gece yatağımıza girip uykuya dalabilir ve huzur içinde bu gezegenden ayrılabiliriz. Ölümcül bir hastalığa yakalanmamıza gerek yok. Makinelere bağlanmamız şart değil. Bu gezegenden ayrılmak için bir bakımevinde acı çekmek zorunda değiliz. Sağlıklı kalmak konusunda inanılmaz miktarda bilgimiz var. Ertelemeyin, hemen başlayın. Yaşlandığımızda, kendimizi harika hissetmek isteriz, çünkü o zaman yeni maceraları deneyimlemeye devam edebiliriz.

✤ ✤ ✤

Bir süre önce zihnimi bir hayli kurcalayan bir şey okumuştum. Yaşlanma tarzımızın genlerimizle değil, adına *yaşlanma noktası* – zihinlerimizde var olan bir biyolojik saat – dedikleri bir şeye bağlı olduğunu açıklayan bir San Francisco tıp fakültesi yazısıydı. Bu mekanizma, nasıl ve ne zaman yaşlanmaya başlayacağımızı belirlemektedir. Yaşlanma saati, büyük ölçüde önemli bir unsurdan etkilenir: Yaşlanmaya karşı tutumumuz.

Örneğin, 35'in orta yaş olduğuna inanıyorsanız, bu inanç, 35 yaşına ulaştığınızda vücudunuzda yaşlanma sürecini hızlandıran biyolojik değişikliklere neden olur. Nefes kesici! Bir yerde, bir şekilde, orta yaşın ve yaşlılığın ne olduğuna karar veriyoruz. Sizin içinizdeki *yaşlanma noktası* nerede? Açıkçası ben 96 yaşıma kadar yaşayacağıma ve o yaşa geldiğimde hâlâ aktif olacağıma inanıyorum ve bu yüzden, kendimi sağlıklı tutmak için elimden geleni yapıyorum.

Unutmayın; verdiğimiz şey geri döner. Yaşlılara karşı davranışlarınıza dikkat edin, çünkü yaşlandığınızda, size de öyle davranılacak. Eğer yaşlılarla ilgili belli kavramlara inanıyorsanız, bilinçaltınızın tepki vereceği fikirler belirliyorsunuz demektir. Yaşam ve kendimizle ilgili inançlarımız, düşüncelerimiz, kavramlarımız, daima kendimiz için gerçekleşir.

✤ ✤ ✤

Unutmayın, önemli dersler alabilmek için doğmadan önce ebeveynlerimizi kendimizin seçtiğimize inanıyorum. *Yüksek benliğiniz,* ruhsal yolunuzda ilerlemek için ihtiyacınız olan deneyimleri biliyordu. Dolayısıyla, ebeveynlerinizle ne üzerinde çalışmaya geldiyseniz, onun üzerinde çalışın. Ne yapsalar veya söyleseler de, ne yaptılar veya söyledilerse de, sonuçta kendinizi sevmek için buradasınız.

Ebeveynler olarak, kendilerini olumlu ve zararsız şekillerde ifade etmelerine izin vererek çocuklarınıza kendilerini sevme fırsatı sunun. Bizim ebeveynlerimizi seçtiğimiz gibi, çocuklarımız da bizi seçti. Hepimizin öğrenmesi gereken önemli dersler var.

Kendilerini seven ebeveynler, çocuklarına kendi kendilerini sevmeyi öğretmekte zorlanmayacaklardır. Kendimizle ilgili iyi şeyler hissettiğimizde, çocuklarımıza modelleyerek özdeğeri öğretebiliriz. Kendimizi sevmek için ne kadar uğraşırsak, çocuklarımız da bunun normal bir şey olduğunu o kadar çok kabul ederler.

4. KISIM

İÇSEL BİLGELİĞİNİZE BAŞVURMAK

Eylem, olumlu değişim ve son olarak iyileşme olmadığı sürece, dünyadaki bütün teoriler geçersizdir.

11. BÖLÜM

ZENGİNLİĞİ YARATMAK

Korktuğumuzda, her şeyi kontrol etmek isteriz ve sonra da kendi iyiliğimizin akışını keseriz. Hayata güvenin. İhtiyacınız olan her şey buradadır.

İçimizdeki *güç*, en muhteşem hayallerimizi ve en büyük zenginlikleri bize sunmaya hazırdır. Asıl sorun, onu almak için açık olmamamızdır. Bir şey istediğimizde, *yüksek gücümüz* "Bunu düşüneceğim," demez. Hemen cevap verir ve istediğimiz şeyi bize gönderir ama almaya hazır olmamız gerekir. Değilsek, karşılanmamış istekler deposuna geri döner.

Konferanslarıma gelen birçok kişi, kollarını göğüslerinde kavuşturarak oturuyor. "Bir şeyi nasıl içeri alacaklar ki?" diye düşünüyorum. *Evrenin* fark edip karşılık verebilmesi için, kollarımızı iki yana açmak son derece etkili bir sembolik harekettir. Birçokları için bu korkutucudur, çünkü kendilerini açarlarsa, korkunç şeyleri de alabileceklerini düşünürler ve muhtemelen de alırlar, çünkü içlerindeki şey her neyse, kendilerine sadece sorun ve belayı çektiklerine inanır.

✣ ✣ ✣

Zenginlik terimini kullandığımızda, çoğu insanın aklına hemen para geliyor. Ama bolluk ve zenginlik başlıkları altında gelen daha birçok kavram var; zaman, sevgi, başarı, rahatlık, güzellik, bilgi, ilişki, sağlık ve elbette ki yine, para gibi.

İstediğiniz şeyleri yapmak için yeterince zamanınız olmadığını hissederek sürekli acele ediyorsanız, zaman sıkıntısı yaşarsınız. Başarıya ulaşamayacağınızı hissediyorsanız, o zaman asla ulaşamazsınız. Hayatın bir yük ve zorluk olduğunu düşünüyorsanız, daima kendinizi rahatsız ve huzursuz hissedersiniz. Eğer çok fazla şey bilmediğinize ve işleri yoluna koyamayacak kadar aptal olduğunuza inanıyorsanız, asla *evrenin* bilgeliğiyle bağlantı kuramazsınız. Eğer sevgi eksikliği hissediyorsanız ve ilişkileriniz zayıfsa, hayatınıza sevgiyi çekmekte zorlanırsınız.

Peki, ya güzellik? Her tarafımızda güzellik var. Gezegeni saran güzelliği deneyimliyor musunuz, yoksa her şeyi çirkin, berbat ve kirli mi görüyorsunuz? Sağlığınız nasıl? Sürekli hasta mısınız? Kolayca soğuk alıyor musunuz? Sık sık başınız ağrıyor ve bir yerleriniz sızlıyor mu? Son olarak, para. Birçoğunuz bana hayatlarınızda asla yeterince para olmadığını söylüyorsunuz. Neye sahip olmak için kendinize izin veriyorsunuz? Ya da belki sabit bir geliriniz olduğunu düşünüyorsunuz? Bunu kim belirledi?

Yukarıdakilerden hiçbirinin almakla bir ilgisi yoktur. İnsanlar daima şöyle düşünüyor: "Ah, şunu istiyorum, bunu istiyorum." Ama bolluk ve zenginlik, kendinize kabul etme izni vermenizle ilgili bir şeydir. İstediğiniz şeyi almadığınızda, bir seviyede kendinize kabul etme izni vermiyorsunuz demektir. Hayata karşı cimri olursak, hayat da bize karşı cimri olur. Hayattan çalarsak, hayat da bizden çalar.

Kendimize Karşı Dürüst Olmak

Dürüstlük, çok kullandığımız bir kelimedir ama dürüst olmanın gerçek önemini her zaman anlamayız. Bunun ahlakla veya iyi bir insan olmakla ilgisi yoktur. Dürüst olmanın, yakalanmak veya hapse girmekle de bir ilgisi yoktur. Bu, kendimizi sevme eylemidir.

Dürüstlüğün asıl değeri, hayatta verdiğimiz her şeyi geri alacağımızdır. Neden sonuç yasası, her seviyede daima aktif haldedir. Başkalarını küçümser, aşağılar ya da yargılarsak, biz de aynı tutumlarla karşılaşırız. Sürekli öfkeliysek, gittiğimiz her yerde karşımızda öfke buluruz. Kendimize karşı sevgimiz, hayatın bize karşı sevgisiyle doğru orantılıdır.

Örneğin, dairenize hırsız girdiğini düşünün. Hemen kurban olduğunuzu mu düşünürsünüz? "Daireme biri girmiş! Bunu bana kim yaptı?" Böyle bir şey olduğunda kendinizi berbat hissedersiniz ama bu deneyimi kendinize nasıl ve neden çektiğinizi düşünüyor musunuz?

Yine, kendi deneyimlerimizi yaratmak konusunda sorumluluk almak, birçoğumuzun her zaman kabul etmek istediği bir fikir değildir; belki bunu zaman zaman yaparız. Kendimiz dışında bir şeyi suçlamak çok daha kolaydır ama ruhsal gelişimimiz, kendimiz dışında çok az etken olduğunu anlayana kadar gerçekleşmeyecektir; her şey içeriden gelir.

Birinin soyulduğunu veya bir tür kayıp yaşadığını duyduğumda, sordum ilk soru şudur: "Son zamanlarda kimden ne çaldın?" Eğer yüzünde ilginç bir ifade belirirse, nazik bir noktaya dokunduğumu anlarım. Bir süre önce ne aldığımızı ve kısa süre sonrasında ne kaybettiğimizi düşünürsek, iki deneyim arasındaki bağlantı gerçekten aydınlatıcı olabilir.

Bize ait olmayan bir şeyi aldığımız neredeyse her seferinde, çok daha değerli bir şeyi kaybederiz. Para veya bir eşya alabilir, karşılığında bir ilişkimizi kaybedebiliriz. Bir ilişki çalarsak, işimizi kaybedebiliriz. Ofisten pul ve kalem aşırırsak, treni veya randevumuzu kaçırabiliriz. Kayıplar hayatlarımızın önemli bir alanında daima incinme yaratır.

Birçok kişinin firmaların bunu kaldırabileceğini düşünerek büyük şirketlerden, mağazalardan, restoranlardan veya otellerden çalması çok acıdır. Bu tür bir mantık işe yaramaz; neden-sonuç ilişkisi her birimiz için daima geçerlidir. Alırsak, kaybederiz. Verirsek, kazanırız. Bunun aksi olamaz.

✣ ✣ ✣

Hayatınızda çok fazla kayıp varsa veya birçok şey ters gidiyorsa, ne şekilde neleri aldığınızı incelemenizde yarar vardır. Bazı insanlar, asla eşya çalmayacaklarını düşünseler bile, başka birinin zamanını veya özgüvenini çalabilirler. Başka birine kendini suçlu hissettirdiğimiz her seferinde, özdeğer duygusundan bir şeyler çalarız. Her seviyede tamamen dürüst olmak, büyük miktarda içsel incelemeyi ve kişisel farkındalığı gerektirir.

Bize ait olmayan bir şeyi aldığımızda, *evrene* kazanmaya değer olmadığımız mesajını veririz; yeterince iyi değilizdir; bizden çalınmasını istiyoruzdur ya da etrafımızda herhangi bir şeyden yeterince yoktur. Sinsi davranıp, istediğimiz şeyi hileyle veya zorla almamız gerektiğine inanırız. Bu inançlar, etrafımızda bolluğu ve mutluluğu deneyimlememizi engelleyen etkili duvarlar örer.

Bu olumsuz inançlar, benliğimizin gerçekleri değildir. Bizler muhteşemiz ve en iyisini hak ediyoruz. Bu gezegendeki bolluk inanılmaz. Ama iyilik, bize daima vicdan temizliğiyle gelecektir. Vicdanımız için yapabileceğimiz şey, söylediklerimize, düşündüklerimize ve yaptıklarımıza daima dikkat etmektir. Gerçekliğimizi düşüncelerimizin yarattığını anladığımızda, gerçekliğimizi bundan sonra neyi değiştirmemiz gerektiğini görmek için kılavuz olarak kullanabiliriz. Tamamen dürüst olmak, kendimizi sevme tercihimizle ilgilidir. Dürüstlük, hayatlarımızın çok daha rahat ve kolay akmasını sağlar.

Bir mağazaya gittiğinizde satın aldığınız bir şeyin parasını almayı unuturlarsa ve siz bunu bilirseniz, onlara bunu hatırlatmak kendi ruhsal sorumluluğunuzdur. Farkındaysanız, buna dikkatlerini çekersiniz. Siz de bilmiyorsanız ya da ancak eve gittiğinizde veya bir-iki gün sonra anlarsanız, o zaman farklı bir hikayedir.

Dürüst olmamak hayatlarımıza uyumsuzluk getiriyorsa, sevgi ve dürüstlüğün neler yaratabileceğini hayal edin. Yaşamlarımızdaki iyilik, karşılaştığımız harika sürprizler; bunları da kendimiz yaratırız. Kendi içimize dürüstçe ve koşulsuz sevgiyle baktığımızda, kendi gücümüzle ilgili çok şey keşfederiz. Kendi vicdanımızla neler yaratabileceğimizi öğrenmenin değeri, çalabileceğimiz bütün paraların toplamından daha fazladır.

Eviniz Sığınağınızdır

Her şey, hak ettiğinize inandığınız şeylerin bir yansımasıdır. Evinize bir bakın. Gerçekten yaşamaktan hoşlandığınız bir yer mi? Rahat ve mutlu bir ortam mı, yoksa tıkış tıkış, kirli ve daima dağınık bir yer mi? Aynısı arabanız için de geçerlidir; arabanızı seviyor musunuz? Kendinize karşı sevginizi yansıtıyor mu?

Giysileriniz baş belası, bir sorun ve daima başa çıkmanız gereken bir mesele durumunda mı? Giysileriniz, sizin kendinizle ilgili neler hissettiğinizin bir yansımasıdır. Yine, kendimizle ilgili bazı düşüncelerimiz değiştirilebilir.

✣ ✣ ✣

Yeni bir ev bulmak istiyorsanız, kendinizi doğru yeri bulmaya açara başlayın ve onun sizi beklediğini doğrulayın. Los Angeles'ta yeni bir ev ararken, sadece beni şaşırtacak yerler bulduğuma inanamamıştım. Burası Los Angeles ise ve harika dairelerle doluysa, nereye kaybolduklarını merak ediyordum.

İstediğim gibi bir daireyi bulmam altı ayımı aldı ve harika bir yerdi. Ben araştırırken, bina inşa ediliyordu ve nihayet bittiğinde, beni beklediğini görmüştüm. Bir şeyi arıyorsanız ama bulamıyorsanız, muhtemelen bir nedeni vardır.

Sevmediğiniz için oturduğunuz evden taşınmak istiyorsanız, şimdiki eviniz için şükredin. Sizi olumsuz hava şartlarından koruduğu için minnettar olun. Sevmekte zorlanıyorsanız, evin sevdiğiniz bir bölümüyle başlayın; örneğin, yatak odanızın bir köşesi olabilir. "Bu eski yerden nefret ediyorum," demeyin, çünkü sevdiğiniz bir şeyi bulmanızı sağlamaz.

Oturduğunuz evi sevin, böylece kendinizi daha güzel, daha harika bir evin gelişine açarsınız. Eviniz dağınık ve kirliyse, temizlemeye başlayın. Eviniz, kendi kimliğinizin bir yansımasıdır.

Sevgi Dolu İlişkiler

Connecticut'lu onkolog ve *Love, Medicine & Miracles* (Sevgi, Tıp ve Mucizeler) adlı kitabın yazarı Dr. Bernie Siegel'in hayranıyımdır. Dr. Siegel, kanserli hastalarından çok şey öğrenmiş ve kitabında koşulsuz sevgiyle ilgili söylediklerini burada paylaşmak istiyorum.

> *"Birçok kişi, özellikle kanser hastaları, varlıklarının merkezinde korkunç bir kusur olduğuna inanırlar. Sevilme şanslarını korumak istiyorlarsa, bu kusuru gizlemek zorundadırlar. Gerçek benlikleri bilindiği takdirde sevgisiz kalacaklarını ve sevgiyi hak etmeyeceklerini hissederek, kendilerini yalnızlığa mahkum ederler. Bu insanlar, en derin duygularını kimseyle paylaşmamak için savunma duvarları örerler. Böyle insanlar kendi içlerinde güçlü bir boşluk hissettiklerinden, bütün ilişkileri ve alışverişleri, içlerindeki boşluğu dolduracak şeyler olarak görürler. Ancak karşılığında bir şey aldıkları takdirde sevgilerini verirler. Bu da daha derin bir boşluk duygusu yaratır ve döngü sürekli devam eder."*

Bir konferans verirken, dinleyicilerimden soru sormalarını istediğimde, özellikle bir şeyi kesinlikle soracaklarını bilirim: "Nasıl sağlıklı, uzun süreli ilişkiler yaratabilirim?"

Bütün ilişkiler önemlidir, çünkü kendinizle ilgili duygularınızı yansıtırlar. Sürekli olarak ters giden her şeyin kendi hatanız olduğunu düşünerek kendinizi hırpalarsanız veya daima bir kurban olduğunuzu düşünürseniz, bu inançlarınızı güçlendirecek türde ilişkileri kendinize çekersiniz.

Bir kadın, bana son derece ilgili ve sevgi dolu bir adamla ilişkisi olduğunu ama yine de bu sevgiyi sürekli sınama ihtiyacı duyduğunu söylemişti. Ona şunu sordum: "Neden sevgisini sınıyorsun?" Kendini yeterince sevmediği için, birlikte olduğu adamın sevgisine de layık olmadığını hissettiğini söyledi. Ona günde üç kez ayakta durarak kollarını açmasını ve "Sevginin içeri girmesine izin veriyorum. Sevginin gelişine izin vermek güvenlidir," demesini önerdim. Sonra ondan kendi gözlerinin içine bakmasını ve şunları söylemesini istedim: "Ben hak ediyorum. *Hak etmesem* bile, *sahip olmaya* istekliyim."

Genellikle, sahip olamayacağınıza inandığınız için kendinizi güzelliklerden ve iyiliklerden mahrum edersiniz. Örneğin, evlenmek veya uzun süreli bir ilişki kurmak istiyorsunuz. Birlikte olduğunuz kişi, bir eşte görmek istediğiniz özelliklerin dördüne sahip. Doğru yolda olduğunuzu biliyorsunuz. Şundan bundan biraz daha fazlasını veya listenize yeni bir şeyi eklemek istiyorsunuz. Sevilmeyi hak ettiğinize ne kadar inandığınıza bağlı olarak, gerçekte aradığınızı bulana kadar bir düzine insanla birlikte olmanız gerekebilir.

Aynı şekilde, *yüksek gücün* sizi gerçekten sevgi dolu ve sevilesi insanlarla sardığına veya karşılaştığınız herkesin hayatınıza sadece güzellik ve iyilik getirdiğine inanıyorsanız, zaman içinde kendinize çekeceğiniz ilişkiler de öyle olacaktır.

Karşılıklı Bağımlılık Yaratan İlişkiler

Kişisel ilişkiler, birçoğumuz için öncelikli konudur. Belki siz de sevgiyi arayanlardansınız. Sevgi için avlanmak doğru eşi bulmanızı sağlamaz, çünkü sevgiyi isteme nedenleriniz belirsizdir. "Ah, beni seven biri olsa, hayatım çok daha güzel olurdu," diye düşünürüz. Ama işler böyle yürümez.

Tavsiye edeceğim bir egzersiz, bir ilişkiden beklediklerinizi kağıda dökmeniz olacaktır; örneğin, yakınlık, eğlence, açıklık, olumlu iletişim vs. gibi. Listenize bakın. Bu standartlara ulaşmak imkansız mı? Yazdığınız özelliklerden hangisi kendinizde var?

Sevgi ihtiyacı ile *sevgiye muhtaç* olmak arasında çok büyük bir fark vardır. *Sevgiye muhtaç* olduğunuzda, sadece tanıdığınız en önemli kişiden sevgi ve onay istiyorsunuz demektir; yani kendinizden. Her iki taraf için de karşılıklı bağımlılık yaratan ve etkisiz kalan ilişkiler kurarsınız.

Başka birinin bizi mutlu ve tatmin etmesini beklediğimizde, karşılıklı bağımlılık oluşur. Kendimiz yapmak zorunda kalmamak için bir başkasının bizimle ilgilenmesine ve bize bakmasına ihtiyaç duyduğumuzda, bu karşılıklı bağımlılıktır. Sorunlu ailelerden gelen birçoğumuz, büyüme tarzımızdan dolayı karşılıklı bağımlılığı öğrenmişizdir. Yıllar boyunca yeterince iyi olmadığıma inandım ve bu yüzden, gittiğim her yerde onay ve sevgi aradım.

Karşınızdaki kişiye sürekli ne yapması gerektiğini söylüyorsanız, o zaman muhtemelen ilişkiyi manipüle etmeye çalışıyorsunuz demektir. Diğer yandan, kendi içsel kalıplarınızı değiştirmeye uğraşıyorsanız, o zaman işlerin olması gerektiği akmasına izin verirsiniz.

Aynanın karşısında durun ve bir an için ilişkinizi etkileyen olumsuz çocukluk inançlarınızdan bazılarını düşünün. Aynı inançları yaratmaya nasıl devam ettiğinizi görebiliyor musunuz? Şimdi olumlu çocukluk inançlarınızdan bazılarını düşünün. Olumsuz inançlarınızla aynı güce sahipler mi?

Kendinize, olumsuz inançlarınızın artık size hizmet etmediğini söyleyin ve onları yeni, olumlu düşüncelerle değiştirin. Yeni inançlarınızı yazmanız ve onları her gün görebileceğiniz bir yere yerleştirmeniz gerekebilir. Yine, kendinize karşı sabırlı olun. Eskisinde olduğu gibi, yeni inancınızda da azimli davranın. Yeni inançlarım kök salmadan önce defalarca eski kalıplara döndüğümü biliyorum.

Kendi ihtiyaçlarınızın karşılanmasına katkıda bulunduğunuzda, artık eskisi kadar aciz veya bağımlı olmazsınız. Her şey, kendinizi ne kadar sevdiğinizle başlar. Kendinizi gerçekten sevdiğinizde, odaklanırsınız, sakinleşirsiniz ve kendinizi güvende hissedersiniz; hem evdeki hem de işyerindeki ilişkileriniz harika olur. Çeşitli durum ve kişilere farklı tepkiler vermeye başladığınızı görürsünüz. Bir zamanlar sizin için umutsuzca önemli olan konular, artık önemini kaybeder. Hayatınıza yeni insanlar girer ve belki eskileri ortadan kaybolur; bu başlangıçta korkutucu gelebilir ama aynı zamanda heyecan verici, harika ve yenileyicidir.

Bir ilişkide ne istediğinizi bildiğinizde, gidip insanlarla birlikte zaman geçirmeniz gerekir. Kimse aniden kapınızda belirmeyecektir. Yeni insanlarla karşılaşmak için iyi bir yol, bir kursa veya bir destek grubuna katılmak olabilir. Bu sizi benzer zihin yapılı veya ortak ilgi alanları olan insanlarla bir araya getirir. Ne kadar çabuk yeni dostlar edindiğinizi görünce, inanamayacaksınız. Dünyanın her yerinde çeşitli destek grupları ve kurslar var. Bu grupları arayın. Benzer bir yolda yolculuk yapan insanlarla karşılaşmak harikadır. "Hayatıma gelen harika, iyi deneyimlere karşı açığım," şeklinde bir önermeyi tavsiye ederim. Bu, "yeni bir sevgili arıyorum," demekten daha iyidir. Açık ve alıcı olun; Evren en yüce hayrınız için size cevap verecektir.

Kendinize karşı sevginiz arttıkça, özsaygınızın da arttığını ve ihtiyacınız olan değişiklikleri çok daha kolay gerçekleştirebildiğinizi göreceksiniz. Sevgi asla sizin dışınızda değildir; daima içinizdedir. Daha fazla sevgi dolu bir insan haline geldikçe, siz de daha kolay sevileceksiniz.

Para Hakkındaki İnançlar

Para konusunda korku duymak, erken çocukluk dönemlerinizden gelen bir şartlanmadır. Atölye çalışmalarımdan birine katılan bir kadın, bana zengin babasının sürekli meteliksiz kalmaktan korktuğunu ve parasının kendisinden çalınacağından korkarak öldüğünü söylemişti. Kadın büyürken kendisiyle kimsenin ilgilenmeyeceği konusunda bir korku geliştirmişti. Parayla gelen özgürlüğü, babasının aileyi suçluluk duygusuyla yönetmiş olmasına dayanıyordu. Bütün hayatı boyunca çok parası olmuştu ve öğrenmesi gereken ders, kendi ayakları üzerinde durama-yacağı korkusundan kurtulmaktı. Bütün o para olmasa bile, hâlâ kendi ayakları üzerinde durabilirdi.

Birçoğumuzun ebeveynleri Buhran döneminde büyüdü ve birçoğumuz daha küçükken "Açlıktan ölebiliriz," "Asla iş bulamayabiliriz," "Evimizi, arabamızı kaybedebiliriz," gibi inançlarla büyüdük.

Çok az çocuk, "Bunlar saçmalık," der. Çocuklar kabul eder ve "Evet, bu doğru," der.

✣ ✣ ✣

Ebeveynlerinizin parayla ilgili inançlarını listeleyin. Kendinize, bu inançları sürdürmeyi seçip seçmediğinizi sorun. Ebeveynlerinizin sınırlamalarının ve korkularının ötesine geçmek istersiniz, çünkü hayat artık aynı değil. Kendi kendinize bu inançları tekrarlamaktan vazgeçin. Zihninizdeki görüntüleri değiştirmeye başlayın. Bir fırsat doğduğunda, geçmişteki parasızlık inançlarınızı tekrarlamayın. Bugün için yeni mesajı almaya başlayın. Para sahibi ve zengin olmanın iyi bir şey olduğunu, paranızı akıllıca kullanacağınızı düşünün.

Belli zamanlarda başkalarından daha fazla paramız olması da son derece normal ve doğaldır. İçimizdeki *gücün* ne olursa olsun bizimle daima ilgileneceğine güvenirsek, zor zamanlardan kolayca geçebilir, gelecekte daha fazlasına sahip olacağımızı bilebiliriz.

Para cevap değildir ama birçoğumuz, çok fazla paramız olursa, her şeyin yoluna gireceğine inanırız; artık endişelerimiz veya sorunlarımız kalmayacağını düşünürüz. Ama para gerçekten de cevap değildir. Bazılarının ihtiyacından fazla parası vardır ve yine de mutlu değillerdir.

Sahip Olduğunuz Şeyler İçin Şükredin

Bir adam, bana zor zamanlarında kendisine çok iyi davranan arkadaşının nezaketine ve hediyelerine karşılık veremediği için suçluluk duyduğunu söylemişti. Ona, *evrenin* o ya da bu şekillerde ihtiyacımız olan şeyleri bize verdiği ve bizim geri veremeyeceğimiz zamanlar olduğunu söyledim.

Evren ihtiyaçlarınıza ne şekilde karşılık vermeyi seçmişse, bunun için şükredin. Başka birine yardım etmeniz gereken bir zaman gelecektir. Parayla olmayabilir ama zaman ayırabilir veya şefkat gösterebilirsiniz. Bazen bu şeylerin paradan daha değerli olabileceklerini anlamayız.

Hayatımın başlarında, kendilerine karşılık veremeyeceğim halde bana çok yardım eden insanlar tanıdım. Yıllar sonra, ben de başkalarına yardım etme fırsatını yakaladım. Sık sık zenginliği takas etmemiz gerektiğini hissederiz. Bir karşılık vermemiz gereklidir. Biri bizi yemeğe götürürse, hemen biz de onları yemeğe götürmek isteriz; biri bize bir hediye verdiğinde, onlara hediye almak isteriz.

Minnetle kabullenmeyi öğrenin. Kabullenmeyi öğrenin, çünkü *evren* almaya açıklığımızı sadece takas anlayışıyla değerlendirmez. Sorunumuzun büyük bölümü, alma becerimizin eksikliğinden kaynaklanır. Verebiliriz ama almak çok zor gelir.

Biri size hediye verdiğinde, gülümseyin ve teşekkür edin. "Ah, bu yanlış beden veya yanlış renk," derseniz, o kişinin size bir daha hediye vermeyeceğini bilin. Nazik bir şekilde kabul edin ve sizin için gerçekten doğru değilse, kullanabilecek başka birine aktarın.

Sahip olduğumuz şeyler için şükretmeliyiz, böylece daha fazla iyiliği kendimize çekebiliriz. Yine, eksikliğe ve kıtlığa odaklanırsak, onu kendimize çekeriz. Borcumuz varsa, kendimizi hırpalamamız değil, bağışlamamız gerekir. Önermeler kullanarak ve zihnimizde canlandırmalar yaparak, borcumuzu ödediğimizi hayal etmeliyiz.

Para sorunları yaşayan insanlar için yapabileceğimiz en iyi şey, onlara farkındalık aşılamaktır, çünkü o zaman uzun ömürlü olacaktır. Bu, onlara para vermekten daha kalıcı etki yapar. Para vermeyin demiyorum ama bunu kendinizi suçlu hissettiğiniz için yapmayın. İnsanlar sık sık şöyle der: "Başkalarına yardım etmeliyim." Ama siz de başkalarından birisiniz. Siz de birisiniz ve zenginliği hak ediyorsunuz. Farkındalığınız ve vicdanınız, sahip olabileceğiniz en iyi banka hesaplarınızdır. Değerli düşünceler yatırdığınızda, size katlanarak geri döner.

Aşar, Evrensel Bir Prensiptir

Hayatınıza parayı çekmenin yollarından biri, aşar vergisi ödemektir. Gelirinizin yüzde 10'unu geri vermek, yerleşmiş bir prensiptir. Ben bunu *hayata geri vermek* olarak düşünürüm. Bunu yaptığımızda, daha fazla zenginleşiriz. Kiliseler daima kendilerine bağış yapmanızı isterler. Bu, gelir sağlamak konusunda öncelikli yöntemlerinden biridir. Yaşam kalitenizi yükseltmek konusunda sizi kim ya da ne destekledi? Bu, aşar vergisi ödeyeceğiniz en mükemmel yer olacaktır. Eğer bir kiliseye veya kişiye para vermek hoşunuza gitmiyorsa, katkılarınızla başkalarına yarar sağlayabilecek, kazanç amacı gütmeyen bir sürü organizasyon var. Araştırın ve kendiniz için doğru olanı bulun.

İnsanlar sık sık şöyle der: "Daha fazla param olduğunda bunu yapacağım." Elbette ki asla yapamazlar, çünkü asla daha fazla paraları olmaz. Eğer aşar vergisi ödeyecekseniz, buna hemen başlayın ve neler olacağını kendiniz görün. Ama sadece daha fazlasını kazanmak için bunu yaparsanız, asıl noktayı kaçırırsınız. Özgür iradeyle ve koşulsuz olarak verilmelidir, yoksa işe yaramaz. Hayatın bana karşı iyi davrandığını hissederim ve ona çeşitli şekillerde ödemeye çalışırım.

✣ ✣ ✣

Bu dünyada, deneyimlemenizi bekleyen bir sürü bolluk var. Harcayabileceğinizden çok daha fazla paranız, karşılaşabileceğinizden çok daha fazla insan ve hayal edebileceğinizden çok daha fazla mutluluk olduğunu bilseydiniz, ihtiyaç duyduğunuz ve arzuladığınız her şeye sahip olurdunuz.

En yüce hayrı istiyorsanız, içinizdeki *gücün* size bunu sağlayacağına güvenin. Kendinize ve başkalarına karşı dürüst olun. Azıcık bile olsa hile yapmayın, çünkü size geri dönecektir.

Her şeyi saran *sonsuz zeka*, size "Evet!" der. Hayatınıza bir şey geldiğinde, onu zorlamayın ve sadece "Evet!" deyin. İyiliği almak için kendinizi açın. Dünyanıza "Evet!" deyin. Fırsatlar ve zenginlik, yüzlerce kat artarak gelecektir.

12. BÖLÜM

YARATICILIĞINIZI İFADE ETMEK

Önsezimiz açıldığında, ufkumuz genişler.

İşimiz, Kutsal Bir İfadedir

İnsanlar bana hayatımın amacını sorduklarında, onlara amacımın işim olduğunu söylerim. Çoğu insanın işinden nefret ettiğini bilmek çok acı ve daha da kötüsü, ne yapmak istediklerini de bilmiyorlar. Hayatınızın amacını bulmak, sevdiğiniz işi bulmak, kendinizi sevmek demektir.

İşiniz, yaratıcılığınızı ifade etme şeklinizdir. Yeterince iyi olmama veya yeterince bilmeme duygularınızın ötesine geçmelisiniz. Evren'in yaratıcı enerjisinin, sizi derinden tatmin edecek şekillerde içinize akmasına izin verin. Varlığınızı ve sizi tatmin ettiği sürece, ne yaptığınız fark etmez.

Çalıştığınız yerden veya yaptığınız işten nefret ediyorsanız, kendi içinizde değişene kadar bu duygunuz daima devam edecektir. Eski inançlarınızla yeni bir işe başlasanız bile, sadece zaman içinde aynı şeyleri hissedersiniz.

Sorun kısmen insanların istedikleri şeyleri olumsuz şekilde ifade etmelerinden kaynaklanır. Bir kadın, istediği şeyi olumlu biçimde ifade etmekte gerçekten çok zorlanıyordu. Sürekli olarak şöyle diyordu: "Bunun işimin bir parçası olmasını istemiyorum," "Bunun olmasını istemiyorum," "Burada olumsuz enerji hissetmek istemiyorum." Ne istediğini söylemediğinin farkında mısınız? Ne istediğimiz konusunda net olmalıyız!

Bazen istediğimiz şeyi istemek çok zordur. Diğer yandan, istemediğimiz şeyleri saymak çok kolay gelir. İşinizin nasıl olmasını istediğinizi söyleyerek başlayın: *"İşim kesinlikle çok tatmin edici. İnsanlara yardım ediyorum. Neye ihtiyaçları olduğunu görebiliyorum. Beni seven insanlarla birlikte çalışıyorum. Daima kendimi güvende hissediyorum."* Ya da belki: *"İşim yaratıcılığımı özgürce ifade etmeme izin veriyor. Sevdiğim şeyleri yaparak iyi para kazanıyorum."* Veya, *"İşyerimde daima mutluyum. Kariyerim mutluluk, neşe, kahkaha ve bollukla dolu."*

Daima şimdiki zamanda konuşun. Söylediğiniz şeyi alırsınız! Alamıyorsanız, içinizde iyiliği kabullenmenizi engelleyen inançlar var demektir. İşle ilgili inandıklarınızı listeleyin. İçinizdeki olumsuz inançları görünce şaşırabilirsiniz. O inançları değiştirene kadar zenginleşemeyeceksiniz.

Nefret ettiğiniz bir işte çalışırken, *gücünüzün* kendini ifade etme becerisini engellersiniz. Bir işte istediğiniz nitelikleri düşünün; mükemmel işe sahip olsaydınız nasıl olurdu? Ne istediğiniz konusunda net davranmanız esastır. *Yüksek benliğiniz,* sizin için doğru olan işi bulacaktır. Bilmiyorsanız, bilmeye istekli olun. Kendinizi, içinizdeki bilgeliğe açın.

✣ ✣ ✣

Zihin Bilimi ile çalışmaya başladığım dönemlerde, işimin *hayatı* ifade etmek olduğunu öğrenmiştim. Karşıma bir sorun çıktığı her seferinde, bunun gelişmem için bir fırsat olduğunu ve beni yaratan *gücün,* o sorunu çözmek için ihtiyacım olan her şeyi bana verdiğini biliyordum. Başlangıçtaki paniğim geçtikten sonra, zihnimi dinginleştiriyor ve kendi içime yöneliyordum. *İlahi zekaya* bana bu fırsatı sunduğu için teşekkür ediyordum.

Atölye çalışmalarımdan birine katılan bir kadın, aktris olmak istiyordu. Ebeveynleri onu bir hukuk fakültesine gitmek konusunda ikna etmişlerdi ve etrafındaki herkes onu hukuk fakültesine gitmeye zorluyordu. Ama bir ay sonra okulu bıraktı. Yapmayı her zaman istediği şey olduğu için, bir oyunculuk kursuna katılmıştı.

Çok geçmeden, hayatta bir türlü ilerleme kaydedemediği yönünde hayaller görmeye başladı ve acınası, depresif bir hale geldi. Şüphelerinden kurtulmakta zorlanıyordu ve hayatının en büyük hatasını yaptığını düşünmeye başlamıştı; asla geri dönemeyeceğinden ve olanları değiştiremeyeceğinden korkuyordu.

"İçindeki ses kime ait?" diye sordum. Bunların, babasının kendisine defalarca söylediği sözler olduğunu söyledi.

Bu genç kadının hikayesiyle kendilerini özdeşleştirebilecek çok kişi var. Oyuncu olmak istiyordu ve ebeveynleri onun hukukçu olmasını istemişlerdi. Bir şaşkınlık yaşamış, ne yapacağına karar verememişti. Bunun, babasının "Seni seviyorum" deme tarzı olduğunu anlamak zorundaydı. Bir avukat olsaydı, babası onun güvende olduğunu düşünecekti. İstediği şey buydu. Ama kadının istediği şey bu değildi.

Babasının beklentilerini karşılamasa bile, hayatında kendisi için doğru olanı yapmalıydı. Ona aynanın karşısına oturmasını, kendi gözlerine bakmasını ve şöyle demesini söyledim: *"Seni seviyorum ve gerçekten istediğin şeyi elde etmen konusunda seni destekliyorum. Seni elimden gelen her şekilde destekleyeceğim."*

Ona dinlemesini söyledim. İçsel bilgeliğiyle bağlantı kurmalı ve kendinden başka kimseyi memnun etmek zorunda olmadığını anlamak zorundaydı. Babasını sevse bile, bu kendi istediklerini yapması için bir engel değildi. Kendini değerli hissetmeye hakkı vardı. Babasına şöyle diyebilirdi: "Seni seviyorum ve bir hukukçu olmak istemiyorum; ben aktris olmak istiyorum," ya da her neyse. Bizi sevenlerin başka fikirleri olsa bile kendimiz için doğru olanı yapmak, en büyük zorluklarımızdan biridir. Ama buraya başka insanların beklentilerini gerçekleştirmeye gelmedik.

Bir şeyleri hak etmediğimiz konusunda güçlü inançlarımız olduğunda, istediğimiz şeyi yapmak konusunda zorlanırız. Başka insanlar size sahip olamayacağınızı söylüyorsa ve kendinizi inkar ediyorsanız, içinizdeki çocuk iyi şeyleri hak etmediğine inanır. Yine, her geçen gün kendinizi daha fazla sevmeyi öğrenmeniz şarttır.

Tekrarlıyorum; iş, başarı ve başarısızlık konularında inandığınız her şeyi yazarak başlayın. Bütün olumsuzlara bakın ve sizi gerçekten istediğiniz şeyi elde etmekten geri tutan şeylerin o inançlar olduğunu anlayın. Size başarısızlığı hak ettiğinizi söyleyen çok çeşitli inançlarınız olabilir. Her bir olumsuz ifadeyi alın ve olumlusuyla değiştirin. Zihninizde, tatmin edici bir işin görüntüsünü canlandırmaya başlayın.

Geliriniz Çok Çeşitli Kaynaklardan Gelebilir

Kaçımız iyi bir yaşam sürdürmek için çok çalışmamız gerektiğine inanıyoruz? Özellikle bu ülkede, kişinin iyi bir insan olmak için çok çalışması gerektiğini vurgulayan bir iş ahlakı var ve buna ek olarak, işin angarya olduğuna da inanılıyor.

Sevdiğiniz alanda çalışırsanız, genellikle kendiniz için iyi bir gelir yaratabileceğinizi keşfettim. Sürekli olarak "Bu işten nefret ediyorum," derseniz, hiçbir yere varamazsınız. Ne yaparsanız yapın, sevgiyle yapın ve olumlu bir tutum benimseyin. Rahatsız bir konumdaysanız, durumunuzdan öğrenebileceğiniz en iyi dersi görmek için kendi içinize bakın.

Genç bir kadın bana inanç sisteminin paranın kendisine her türlü beklenmedik kaynaktan gelmesine izin verdiğini söylemişti. Arkadaşları eşsiz bir şekilde zenginliği kendine çekme becerisini eleştiriyor, para kazanmak için çok çalışması gerektiğini söylüyorlardı. Hiç de sıkı çalışmadığını bildiklerini söyledi. Bu yüzden, zaman içinde, sıkı çalışmadığı takdirde sahip olduğu parayı hak etmeyeceği konusunda bir korku geliştirmişti.

Başlangıçta bilinci doğru yoldaydı. Korkmak yerine, kendini tebrik etmesi gerekirdi. Bolluk yaratmayı biliyordu ve hayatı, o alanda hiç sorunsuz akıyordu. Ama hepsi çok çalıştıkları ve onun kadar para kazanamadıkları için, arkadaşları onu yavaşlatmak istemişlerdi.

Elimi diğerlerine uzattığım birçok seferinde, elimi kabul eder ve yeni şeyler öğrenmek isterlerse, bu harikadır. Ama beni de aşağı çekmeye çalışırlarsa, onlara veda ederim ve gerçekten bataklıktan çıkmak isteyen başka biriyle çalışırım.

Hayatınız sevgi ve mutluluk doluysa, size hayatınızı nasıl sürdürmeniz gerektiğini söyleyen acınası durumdaki, başarısız birini dinlemeyin. Hayatınızda zenginlik ve bolluk varsa, yoksul ve borç içindeki birinin sözlerine kulak asmayın. Çok sık bir şekilde, bize neyi nasıl yapacağımızı söyleyen kişiler ebeveynlerimizdir. Kendi hayatlarında yüklerle, zorluklarla, acılarla uğraşmışlardır ve bize hayatlarımızı nasıl yaşamamız gerektiğini söylemeye kalkışırlar!

✣ ✣ ✣

Birçok kişi ekonomi konusunda endişeleniyor ve mevcut ekonomik durum yüzünden para kazanacağını veya kaybedeceğini düşünüyor. Ama ekonomi daima inip çıkar. Dolayısıyla, dışarıda neler olduğunun veya başkalarının ekonomiyi değiştirmek için neler yaptığının bir önemi yoktur. Ekonomi yüzünden bir yere sıkışıp kalmış değiliz. "Dışarıdaki" dünyada neler olursa olsun, önemli olan sadece kendi hakkınızdaki inançlarınızdır.

Evsiz kalmaktan korkuyorsanız, kendinize şunu sorun: "Kendi içimde evim olmayan yer neresi? Kendimi nerede terk edilmiş hissediyorum? İçsel huzuru bulmak için ne yapmam gerek?" Tüm harici deneyimleriniz, içsel inançlarınızı yansıtır.

"Gelirim sürekli artıyor," gibi olumlu bir ifade kullanmayı severim. Diğer bir düşünce şöyle olabilir: *"Ebeveynlerimin gelir düzeyinin üzerine çıkıyorum."* Ebeveynlerinizin kazandığından daha fazla para kazanma hakkına sahipsiniz. Artık her şey daha pahalı olduğundan, bu aynı zamanda da bir gerekliliktir. Özellikle kadınlar, bu konuda büyük bir çelişki yaşarlar. Genellikle babalarından daha fazla kazanmakta zorlanırlar. Bunu çözmek için içlerindeki hak etmeme duygusuna eğilmeleri ve ilahi hakları olan finansal zenginliği kabul etmeleri gerekir.

İşiniz, sonsuz para kaynaklarınızdan sadece biridir ama para, işinizin asıl amacı değildir. Para size çok çeşitli şekillerde ve birçok kaynaktan gelebilir. Nasıl gelirse gelsin, *evrenin* bir hediyesi olarak mutlulukla kabul edin.

Genç bir kadın, eşinin ailesinin yeni bebeklerine her türde güzel şeyler almasından ve kendisinin karşılık verememesinden rahatsızlık duyuyordu. Ona *evrenin* bebeğin her türde iyilik ve güzellikle bolca donatılmasını istediğini, bunu sağlamak için de eşinin ailesini kanal olarak kullandığını hatırlattım. Bunun üzerine şükretti ve *evrenin* bebeğin ihtiyaçlarını karşılama tarzını takdir etti.

İşyerindeki İlişkiler

İşyerinde kurduğumuz ilişkiler, aile içinde kurduğumuz ilişkilere genellikle çok benzer. Sağlıklı veya bozuk olabilirler.

Bir kadın bana şöyle sormuştu: "Genellikle olumlu bir kişi olarak, işyerinde sürekli olumsuz olan insanlarla nasıl başa çıkabilirim?"

Öncelikle, kendisinin olumlu bir insan olduğunu söylemesine rağmen herkesin olumsuz tutum sergilediği bir iş ortamında çalışması bana çok ilginç geldi. Neden olumsuzluğu kendine çektiğini merak ettim; belki de içinde farkına varamadığı bir olumsuzluk vardı.

Her zaman için huzurlu ve mutlu, insanların birbirlerini ve bütün olarak hayatı takdir ettiği bir ortamda çalıştığına inanmaya başlamasını önerdim. Her açıdan saygının olduğu bir yerde. Şunun bunun işini nasıl yaptığını ve nasıl davrandığını sorgulamak yerine, ideal yerde çalıştığı yönünde olumlu ifadeler kullanabilirdi.

Bu felsefeyi benimseyerek ya kendi içindeki değişikliklere farklı karşılıklar vermeye zorlayarak başkalarının içindeki en iyi özellikleri ortaya çıkaracak ya da şartların istediği gibi olduğu başka bir yerde çalışmaya başlayacaktı.

✣ ✣ ✣

Bir adam, işine başladığı zaman inanılmaz sezgilere sahip olduğunu ve işinin harika bir şekilde aktığını söylemişti. Doğrudan, kesin ve tatmin edici bir tutumu vardı. Aniden, her gün hatalar yapmaya başlamıştı. Ona neden korktuğunu sordum. Eski bir çocukluk korkusu yeniden yüzeye çıkıyor olabilir miydi? İşyerinde öfkeli olduğu biri mi vardı, yoksa biriyle hesaplaşmaya mı çalışıyordu? O kişi kendisine ebeveynlerinden birini mi hatırlatıyordu? Bu durumla diğer işlerinde de karşılaşmış mıydı? Eski bir inanç sistemi yüzünden işyerinde kaos yarattığını düşünüyordum. Büyüdüğü ailede, hata yaptığı her seferinde kendisiyle alay edildiğini söyledi. Ona ailesini bağışlamasını ve şimdi çalıştığı yerde, insanların kendisine tamamen saygı duyduğu ve yaptığı her şeyi takdir ettiği yönünde olumlu düşünmesini söyledim.

İş arkadaşlarınızı düşünürken, "Çok olumsuz," olduklarını düşünmeyin. Herkesin içinde her türde özellik vardır, dolayısıyla içlerindeki iyi özelliklere karşılık verin ve barışçıllıklarına saygı duyun. Bu özelliklere odaklanabildiğinizde, hepsi yüzeye çıkacaktır. Diğerleri sürekli olarak olumsuz şeyler söylüyorlarsa, dikkatinizi vermeyin. Siz kendi bilincinizi değiştirmeye çalışıyorsunuz. Sizin içinizdeki olumsuz bir şeyi yansıttıklarından, bilinciniz gerçekten değiştiğinde, olumsuz insanları da etrafınızda o kadar sık görmeyeceksiniz. Hayal kırıklığına uğrasanız bile, işyerinizde sahip olmak istediğiniz şeylerle ilgili olumlu düşünün. Sonra hepsini mutlulukla ve minnetle kabul edin.

Bir kadın, işyerinde sevdiği şeyi yapma ve bu deneyimden gelişme şansına sahipti. Ama sürekli olarak hastalanıyor ve kendini sabote ediyordu. Çocukken, sevgi ve şefkat çekmek için bu yolu kullandığından, sürekli hastalandığını hatırladı. Dolayısıyla, yetişkinliğinde de aynı kalıbı tekrarlıyordu.

Öğrenmesi gereken şey, olumlu bir şekilde sevgi ve şefkat çekmekti. İşyerinde her şey ters gittiğinde, yine o beş yaşındaki küçük kız çocuğu oluyordu. Bu yüzden, içindeki küçük çocukla ilgilenmeye başladığında, kendini güvende hissetmeyi ve kendi gücünü kabullenmeyi de öğrendi.

✣ ✣ ✣

Rekabet ve kıyaslama, yaratıcılığınızın önünde duran iki önemli engeldir. Eşsizliğiniz sizi diğer herkesten farklı kılar. Zaman başladığından beri asla sizin gibi biri olmadı ve dolayısıyla, kendinizi kiminle veya neyle kıyaslayabilirsiniz? Kıyaslama, size kendinizi üstün veya aşağı hissettirir ki bunlar egonuzun, sınırlı zihin düşüncelerinizin ifadeleridir. Kendinizi biraz daha iyi hissetmek için kıyaslama yapmaya başlarsanız, başka birinin yeterince iyi olmadığını söylersiniz. Başkalarını aşağılarsanız, kendinizi yücelttiğinizi düşünebilirsiniz. Gerçekte yaptığınız şey ise, kendinizi başkaları tarafından eleştirileceğiniz bir konuma sokmaktır. Bunu hepimiz bir seviyede yaparız ve ötesine geçebildiğimizde çok iyidir. Aydınlanmak, içe dönmek ve ışığı kendi içinize yansıtmak, böylece içerideki karanlığı dağıtabilmektir.

Tekrarlıyorum; her şey değişir ve bir zamanlar mükemmel olan, artık mükemmel olmayabilir. Değişmeye ve gelişmeye devam etmek için, içinize dönmeli ve şimdi, burada sizin için doğru olanı dinlemelisiniz.

İş Yapma Tarzımızı Değiştirmek

Son birkaç yıldır, kendi yayınevime sahibim. Sloganım posta kutusunu açmak, telefona cevap vermek, önümüzdeki şeyle ilgilenmek oldu ve daima yapacak bir sürü şey var. Bunu günbegün yaptıkça, işimiz birkaç kişiden 20 kişilik bir şirkete dönüştü.

İşimizi ruhsal prensiplere dayandırdık ve toplantıların açılışlarında ve kapanışlarında zihin terapisi önermeleri kullanıyoruz. Diğer birçok şirketin rekabetle uğraştığını, sık sık diğerlerini lanetlediğini gördük ve ikiye katlanarak geri döneceğini bildiğimizden, başkalarıyla ilgilenmeye zaman ya da enerji ayırmamaya karar verdik.

Bu felsefeyle yaşayacaksak, eski iş yapma kavramlarıyla hareket edemeyeceğimizi anladık. Sorunlarla karşılaştığımızda, değiştirmek istediğimiz şeyle ilgili önermeler kullanacaktık.

Ayrıca, çalışanların duyulmadan veya yargılanmadan gerginliklerini atabilecekleri ses geçirmez bir *"ba-*

ğırma odamız" da var. Burada meditasyon yapıp gevşeyebiliyorlar ve odanın içine insanların dinleyebilecekleri çok sayıda güzel ve yararlı kaset koyduk. Zor zamanlarda bizim için bir sığınak haline geldi.

Bilgisayar sistemimizle büyük sorunlar yaşadığımız bir dönemde, her gün bir şeyler bozuluyordu. Makinelerin bilincimizi yansıttığına inandığımdan, birçoğumuzun bilgisayarlara olumsuz enerji gönderdiğimizi ve bozulmalarını beklediğimizi anladım. Bilgisayara bir önerme yükledim: "Günaydın, bugün nasılsın? Ben sevildiğimde iyi çalışırım. Seni seviyorum." Sabahları çalışanlar bilgisayarlarını açtıklarında, bu mesajla karşılaşıyorlardı. Artık bilgisayarlarla sorun yaşamamamız inanılmazdı.

Bazen bir şeylerin olacağını düşünürüz; özellikle işyerinde beklediğimiz şey, "felaketler"dir. Ama onları gerçekte oldukları gibi görmemiz gerekir; daima bize bir şeyler öğreten yaşam deneyimleri. Sonunda iyi bir öğrenim deneyimi sağlamayan ve beni çok daha iyi bir yaşam seviyesine taşımayan tek bir "felaket" bile yaşamadığımı biliyorum.

Örneğin, son zamanlarda şirketim Hay House, pek iyi gitmiyordu. Ekonominin genelinde olduğu gibi, satışlarımız inip çıkıyordu ve bir dönem için satışlarımız düşmüş, o şekilde devam etmeye başlamıştı. Ama buna kendimizi ayarlayamadık ve aylar boyunca kazandığımızdan daha fazlasını harcadık. İş sahibi olan herkes, bunun iyi bir tutum olmadığını bilir. Zaman içinde, "ciddi önlemler" almadığım takdirde işimi kaybedeceğimi fark ettim.

Bu "ciddi önlemler," personelimin yarısını göndermeyi de içeriyordu. Bunu yapmanın benim için ne kadar zor olduğunu tahmin edersiniz. Toplantı salonuna girdiğimi, orada haberi vermem için toplanmış insanlara baktığımı hatırlıyorum. Gözyaşlarımı tutamıyordum ama yapılması gerektiğini biliyordum. Hepimiz için çok zor olsa da, çok sevdiğim çalışanlarımın yakında yeni ve daha iyi işler bulacaklarına da güveniyordum. Neredeyse hepsi bunu yaptı! Hatta bazıları kendi işlerini kurdular ve çok başarılı oldular. En karanlık zamanlarda, bu deneyimin ilgili herkesin en yüce hayrı için olduğuna inanmaya devam ettim.

Elbette ki diğer herkes en kötüsünü bekledi. Hay House'un iflasa doğru gittiği konusunda dedikodular dolaşıyordu. Üstelik sadece tanıdığım insanlar arasında değil, bütün ülkede! Satış personelimiz, bu kadar çok işadamı ve işkadınının, finansal durumumuz bir yana, şirketimizi *bilmesine* bile şaşırmıştı. O olumsuz tahminleri haksız çıkardığımızı söylemekten büyük mutluluk duyuyorum. Kemerleri gerçekten çok sıkarak, iflasa sürüklenmekten kurtulduk. Daha az sayıda ve her biri bunun işe yaramasına kararlı olan insanlarla, o krizi başarıyla atlattık ama en önemlisi, *çok şey öğrendik*.

Bu arada, Hay House her zamankinden daha iyi gitmeye başladı. Çalışanlarım işlerinden keyif alıyor ve ben de onlarla gurur duyuyorum. Hepimiz çok sıkı çalışmakla birlikte, işin ilginç yanı, kimse çok fazla çalışması gerektiğini hissetmiyor. Hiç olmadığı kadar çok kitap yayınlıyoruz ve hayatlarımızın her alanına çok daha fazla zenginlik çekiyoruz.

Sonunda her şeyin çok iyiye gittiğine inanıyorum ama bazen deneyimi yaşarken bunu görmek çok zor oluyor. İşyerinizde veya geçmişte başınıza gelen olumsuz bir deneyimi düşünün. Belki kovulmuştunuz veya eşiniz sizi terk etmişti. Şimdi ötesine geçin ve sonrasında olanlara, büyük resme bakın. Bu deneyimin sonucu olarak harika şeyler yaşamadınız mı? Birçok kez şu sözleri duymuşumdur: "Evet, başıma gelen korkunç bir olaydı ama eğer olmasaydı, şunu şunu asla yapamayabilirdim... Ya da işimi kuramayabilirdim... Veya bir bağımlılığım olduğunu kabul etmeyebilirdim... Kendimi sevmeyi öğrenemeyebilirdim."

İlahi zekanın hayatı kendimiz için en iyi olan şekliyle yaşamamızı sağlayacağına güvenerek, hayatın sunduğu her şeyden gerçekten zevk alabiliriz; iyi şeylerin yanı sıra, kötü şeyleri de sevebiliriz. Bunu iş deneyimlerinize uyarlayın ve karşılaşacağınız değişimleri gözlemleyin.

✣ ✣ ✣

İş sahibi veya yönetici olanlar, *ilahi zekanın* bir ifadesi olarak çalışabilirler. Çalışanlarla iletişim hatlarını açık tutmak ve işle ilgili duygularını güvenli bir şekilde ifade etmelerine izin vermek önemlidir. Ofislerin çalışmak için düzenli ve temiz yerler olmalarına dikkat edin. Yine, ofiste bir dağınıklık, orada çalışan insanların bilincini yansıtır. Bütün o fiziksel yığıntıyla, zihinsel veya entelektüel işler nasıl zamanında ve iyi yapılabilir ki? İşinizin felsefesini yansıtan bir amaç ifadesi belirlemelisiniz. Hay House'da bizim amacımız şudur: *"Birbirimizi sevmenin güvenli olduğu bir dünya yaratmak." İlahi zekanın* işinizin her alanında kendini ifade etmesine izin verdiğinizde, her şey amacına ve ilahi plana uygun olarak akar. En harika fırsatları önünüze serilmiş halde bulursunuz.

Birçok işyerinin değişmeye başladığını görüyorum. İşyerlerinin eski rekabet ve çatışma yöntemlerini kullanarak hayatta kalamayacakları bir dönem gelecek. Bir gün, herkes için yeterince şey olduğunu, birbirimizi kutsadığımızı ve birlikte zenginleştiğimizi anlayacağız. Şirketler önceliklerini değiştirebilir ve çalışanların kendilerini rahatlıkla ifade edebilecekleri, ürünlerinin ve hizmetlerinin gezegenin bütününe yararlı olabileceği yerler haline gelebilirler.

İnsanlar, işlerinden maaş çekinin ötesinde şeyler bekliyorlar. Dünyaya katkıda bulunmak ve tatmin olmak istiyorlar. Gelecekte, küresel seviyede iyi şeyler yapma amacı, materyalist kaygıların ötesine geçecek.

13. BÖLÜM

OLASILIKLARIN TOPLAMI

Hepimiz evrenle ve tüm yaşamla tamamen bağlantı halindeyiz. Bilincimizin ufuklarını genişletme gücü kendi içimizdedir.

Şimdi sizi biraz daha esnetmek istiyorum. Eğer doğru yoldaysanız ve bir süredir kendiniz üzerinde çalışıyorsanız, bu yapacak başka bir şeyiniz olmadığı anlamına mı geliyor? Gerçekten oturup dinlenecek misiniz? Yoksa bu içsel çalışmanın hayat boyu süreceğini ve bir kez başladığınızda bir daha duramayacağınızı anlayacak mısınız? Düzlüklere ulaşabilir, tatillere çıkabilirsiniz ama temelde bu hayatınız boyunca sürdüreceğiniz bir iştir. Hâlâ hangi alanlarda çalışmanız gerektiğini ve neye ihtiyacınız olduğunu kendinize sormak isteyebilirsiniz. Sağlıklı mısınız? Mutlu musunuz? Zengin misiniz? Yaratıcılık açısından tatmin oluyor musunuz? Kendinizi güvende hissediyor musunuz?

Geçmişte Öğrenilen Sınırlamalar

Sık sık kullanmayı sevdiğim bir ifade vardır; *olasılıkların toplamı*. Bunu, New York'taki ilk öğretmenlerimden birinden öğrenmiştim; Eric Pace'den. Bana, daima zihnimi mümkün olduğunu düşündüğüm şeylerin ötesine uzatabilmem için bir zemin sundu; büyüdüğüm sınırlı inançların çok ötesine geçebilmem için.

Çocukken, yetişkinlerin ve arkadaşlarımın eleştirilerinin sadece kötü bir günün sonucu veya küçük hayal kırıklıkları olduğunu ama gerçek olmadıklarını anlayamıyordum. Kendimle ilgili bu düşünce ve inançları hevesle kabulleniyordum ve kendi sınırlamalarımın bir parçası haline geliyorlardı. Tuhaf, sarsak, aptal, gülünç görünmüyor olabilirdim ama kendimi kesinlikle öyle hissediyordum.

Çoğumuz, beş yaşına gelinceye kadar hayatla ilgili inandığımız fikirler yaratırız. Ergenlik çağımızda bunlara biraz daha ekleriz ve yetişkinliğe ulaştığımızda, belki biraz daha çoğaltırız. Çoğu insana neden ona ya da buna inandıklarını sorduğumda ve kökenini bulmaya çalıştıklarında, genellikle küçük yaşlarında belli bir konu hakkında kesin kararlara ulaşmış olduklarını fark ediyorlar.

Dolayısıyla, beş yaşındaki bilincimizin sınırlamaları içinde yaşıyoruz. Bunlar ebeveynlerimizden kabul ettiğimiz şeyler ve hâlâ ebeveynlerimizin bilincinin sınırlamaları altında yaşıyoruz. Dünyadaki en harika ebeveynler bile her şeyi bilmiyorlardı ve kendi sınırlamaları vardı. Ama şimdi onların söylediklerini söylüyor, yaptıklarını yapıyoruz: "Bunu yapamazsın," "İşe yaramaz..." Ama ne kadar önemli gibi görünseler de, sınırlamalara ihtiyacımız yok.

İnançlarımızdan bazıları olumlu ve destekleyici olabilir. Bu düşünceler hayatımız boyunca bize iyi hizmet etti; örneğin, "Caddeden geçerken iki tarafa da bak," veya "Taze meyve ve sebzeler vücudun için iyidir," gibi. Küçük yaştayken başka düşünceler de yararlı olmuş olabilir ama büyüdükçe işe yararlıklarını kaybediyorlar. Örneğin, "Yabancılara güvenme," küçük bir çocuk için iyi bir tavsiye olabilir ama yetişkinliğe ulaştığımızda, bu inancı sürdürmek sadece yalnızlık yaratır. Bu konudaki iyi haber, daima ayarlamalar yapabilecek olmamızdır.

"Yapamam," "İşe yaramaz," "Yeterince param yok" veya "Komşular ne der?" diye düşündüğümüz anda, kendimizi sınırlarız. Bu son ifade, bizim için özellikle önemli bir engeldir. "Komşular, arkadaşlarım, meslektaşlarım – veya her kimse – ne der?" İyi bir bahane; yapmak istediğimiz şeyi yapmamız gerekmez, çünkü onlar yapmayacaklardır ve onaylamayacaklardır da. Toplum değiştikçe, komşuların düşünceleri de değişmektedir ve dolayısıyla, bu varsayımla hareket etmenin bir anlamı yoktur.

Biri size "Bunu kimse daha önce bu şekilde yapmadı," derse, "Ne olmuş?" diyebilirsiniz. Bir şeyi yapmanın yüzlerce farklı yolu vardır, dolayısıyla kendiniz için en uygun olan şekilde yapabilirsiniz. Kendimize "Yeterince güçlü değilim," "Yeterince genç değilim," "Yeterince yaşlı değilim," "Yeterince uzun değilim" veya "Doğru cinsiyette değilim" gibi saçma sapan önermeler uygularız.

Sonuncusunu kaç kez kullandınız? "Kadın olduğum için, şunu yapamam" veya "Erkek olduğum için, bunu yapamam." Ruhunuzun cinsiyeti yoktur. Doğmadan önce, yaşarken belli bir dersi öğrenmek için cinsiyetinizi kendimizin seçtiğimize inanıyorum. Cinsiyet yüzünden kendini daha düşük seviyede hissetmek, sadece kötü bir bahane değil, aynı zamanda gücünüzden vazgeçmenin diğer bir yoludur.

Sınırlamalarımız sık sık olasılıkların toplamını ifade etmemizi ve deneyimlememizi engeller. "Doğru eğitime sahip değilim." Kaçımız bunun bizi durdurmasına izin verdik? Eğitimin sadece bir grup insanın "Şunu şunu bizim tarzımızla yapmadığın sürece yapamazsın" demesinden ibaret olduğunu unutmayın. Bunu bir sınırlama olarak kabul edebiliriz veya ötesine geçebiliriz. Liseden terk olduğum için, bu görüşü yıllar boyunca kabul ettim. "Ah, eğitimim yok," derdim, "düşünemem. İyi bir iş bulamam. Hiçbir şeyi iyi yapamam."

Sonra bir gün, bu sınırlamaların sadece zihnimde olduğunu ve gerçekle hiçbir ilgisi olmadığını fark ettim. Kendi sınırlayıcı inançlarımı bir kenara attığımda, düşünebildiğimi fark ettim. Oldukça akıllı olduğumu ve iletişim kurabildiğimi keşfettim. Geçmişin sınırlamalarıyla baktığımda imkansız olduğunu düşündüğüm birçok şeyin gerçekte mümkün olduğunu gördüm.

İçimizdeki Potansiyeli Sınırlamak

Bazılarımız her şeyi bildiğimizi düşünüyoruz. Her şeyi bilmenin kötü tarafı, gelişmenizin durması ve hiçbir yeni şeyin gelememesidir. Kendinizden daha büyük bir *güç* ve *zekanın* varlığını kabul ediyor musunuz, yoksa "o" olduğunuzu mu düşünüyorsunuz? Eğer "o" olduğunuzu düşünüyorsanız, sınırlı zihniniz yüzünden korkup kaçarsınız. Bu *evrende* çok daha büyük ve bilge bir *Güç* olduğunu ve "O"nun bir parçası olduğunuzu anlarsanız, olasılıklar toplamının gerçekleşebileceği bir alana geçebilirsiniz.

Mevcut bilincinizin sizi sınırlamasına ne sıklıkta izin veriyorsunuz? "Yapamam" dediğiniz her seferinde, kendi önünüze bir "Dur" tabelası koyuyorsunuz. Kendi *içsel bilgeliğinize* açılan kapıyı kapatıyorsunuz ve ruhsal bilgelik enerjisinin akışını engelliyorsunuz. Bugün inandığınız şeylerin ötesine geçmeye istekli misiniz? Bu sabah belli kavram ve fikirlerle uyandınız. Çok daha büyük bir gerçekliği deneyimlemek için bazılarının ötesine geçme becerisine sahipsiniz. Buna öğrenmek denir; çünkü yeni bir şeyi alıyorsunuz. Zaten orada olanla uygun düşebilir veya daha iyi de olabilir.

Dolabınızı yeniden düzenlemeye başladığınızda, ihtiyacınız kalmayan giysileri ve diğer şeyleri çıkarıp bir kenara attığınızı fark ettiniz mi? Başkasına vereceğiniz giysileri bir kenara koyar, artık işe yaramayan eşyalarınızı atarsınız. Sonra her şeyi yerine koymaya başlarsınız ve bunu tamamen farklı bir düzenle yaparsınız. Şimdi aradığınız şeyi bulmak daha kolaydır ve aynı zamanda, yeni giysilere yer açarsınız. Yeni bir giysi aldıysanız ve eski dolabınıza koyduysanız, eski ıvır zıvırların arasına sıkıştırmanız gerekir. Ama dolabınızı temizlerseniz ve yeniden düzenlerseniz, yeni giysiler aldığınızda koyacak yer bulabilirsiniz.

Aynı şeyi zihnimizle de yapmalıyız. Yeni olasılıklara yer açmak için, artık işe yaramayan içerikleri temizlemeliyiz. Tanrı'nın olduğu yerde her şey mümkündür ve Tanrı her birimizin içindedir. Önyargılarımızla yaşamaya devam edersek, kendimizi engelleriz. Biri hastalandığında, "Ah, zavallı, ne kadar acı çekiyor olmalı!" diyor musunuz? Yoksa o kişiye bakıyor ve varlığın mutlak gerçeğini, o kişinin içindeki *İlahi Gücün* sunduğu sağlığı onaylıyor musunuz? Olasılıklar toplamını görebiliyor ve mucizelerin olabileceğini biliyor musunuz?

Bir defasında tanıştığım bir adam, bana yetişkin bir insanın değişmesinin kesinlikle imkansız olduğunu söylemişti. Çölde yaşıyordu, her türde hastalığı vardı ve mülkünü satmak istiyordu. Düşünce tarzını değiştirmek istemediğinden, nihayet iş bir alıcıyla pazarlığa geldiğinde, çok katı davrandı. Kendi istediği gibi yapılmalıydı. Mülkünü satmakta çok ama çok zorlanacağı belliydi, çünkü asla değişemeyeceğine inanıyordu. Oysa yapması gereken tek şey, bilincini yeni bir düşünce tarzına açmaktı.

Ufkumuzu Genişletmek

Kendimizi olasılıklar toplamından nasıl alıkoyuyoruz? Bizi sınırlayan başka şeyler neler? Bütün korkularımız sınırlamalardır. Eğer korkuyor ve "Yapamam, işe yaramaz," diyorsanız, sonrasında ne olacak? Korku dolu deneyimler geri dönecek. Yargılar sınırlamalardır. Hiçbirimiz yargılanmaktan hoşlanmayız ama bunu başkalarına sık sık yaparız. Yargılarımızla sınırlamalarımızı güçlendiririz. Kendinizi birini yargılar ya da eleştirirken bulduğunuzda, ne kadar küçük olursa olsun, dışarı verdiğiniz şeyin geri döneceğini kendinize hatırlatın. Olasılıklarınızı sınırlamaktan vazgeçmek ve düşünce tarzınızı harika bir şeye çevirmek isteyebilirsiniz.

Yargılayıcı olmakla bir görüşe sahip olmak arasında fark vardır. Birçoğumuzdan bir konuda yargıda bulunmamız istenir. Aslında yaptığımız şey, görüşümüzü ifade etmektir. Bir görüş, bir konuda düşündüğünüz şey anlamına gelir. "Bunu yapmamayı tercih ederim. Mavi yerine kırmızı giymeyi tercih ederim." Ama mavi giydiği için birinin yanlış davrandığını söylemek, onu yargılamaktır. İkisi arasındaki farkı anlamalıyız. Unutmayın, eleştiri daima kendinizi veya başka birini hatalı bulmak demektir. Biri görüşünüzü, tercihinizi sorarsa, başka birine karşı yargılama veya eleştiri olmasına izin vermeyin.

Aynı şekilde, suçluluk duygusuna kapıldığınız her seferinde, bir sınırlama belirlersiniz. Birini incitirseniz, üzgün olduğunuzu söyleyin ve o kişiyi bir daha incitmeyin. Ama ortalıkta kendinizi suçlu hissederek dolaşmayın, çünkü bu içinizdeki iyiliği deneyimlemenizi engeller ve gerçek varlığınızla hiçbir ilgisi yoktur.

Bağışlamaya istekli olmadığınızda, kendi gelişiminizi sınırlarsınız. Bağışlamak, ruhsal benliğinizde bir yanlışı düzeltmenizi, kırgınlık yerine anlayış, nefret yerine şefkat geliştirmenizi sağlar.

Sorunları gelişmenizi sağlayacak fırsatlar olarak görün. Sorunlarınız olduğunda, sadece sınırlı zihninizle düşüncelerinizin sınırlamalarını mı görüyorsunuz? "Ah, zavallı ben, bu neden başıma geldi?" diye düşünüyor musunuz? Durumların nasıl sonuçlanacağını daima bilemezsiniz. İçinizdeki *güce* ve *varlığa* güvenmelisiniz, çünkü o sizden çok daha büyüktür. Her şeyin yolunda olduğunu, her şeyin en yüce hayrınıza gerçekleştiğini onaylayın. Sorunlarla karşılaştığınızda kendinizi olasılıklara açarsanız, değişimler gerçekleştirebilirsiniz. Bu değişimler inanılmaz şekillerde olabilir; hatta bazen hayal bile edemeyeceğiniz şekillerde.

Hepimiz hayatımızda "Bunu nasıl çözeceğimi bilmiyorum," dediğimiz durumlarla karşılaşmışızdır. Kendimizi tuğladan bir duvara çarpmış gibi hissetmişizdir ama sonuçta şimdi buradayız ve her şey sonradan yoluna girmiştir. Belki nasıl olduğunu anlamamışızdır ama yine de olmuştur. Kendimizi kozmik enerjiyle, *tek zeka*, içimizdeki *gerçek* ve *güç* ile uyumlu hale getirdikçe, o harika olasılıklar o kadar çabuk gerçekleşecektir.

Grup Bilinci

Sınırlı düşüncelerimizi ve inançlarımızı arkada bırakıp, bilincimizi daha kozmik bir yaşam görüşüne yükseltmemiz esastır. Bu gezegende daha yüksek bilinç gelişimi, daha önce hiç olmadığı bir hızla sürüyor. Daha geçen gün, nefes kesici bir grafik gördüm. Tarihimizdeki çeşitli sistemlerin gelişimini ve nasıl değiştiklerini gösteriyordu. Tarımsal gelişim, endüstriyel gelişimin arkasında kalmıştı ve 1950'lerde, bilgi aşaması iletişim ve bilgisayar operasyonları biçiminde hakimiyeti ele geçirmeye başlamıştı.

Bu bilgi sürecinin yanı sıra, bilgi aşamasını benzeri görülmemiş bir ilerleme hızıyla gerçekten gölgede bırakan bilinç artışı hareketini gösteren bir grafik de vardı. Bunun ne anlama geldiğini anlayabiliyor musunuz? Ben çok fazla yolculuk yapıyorum ve gittiğim her yerde, öğrenen insanlar görüyorum. Avustralya, Kudüs, Londra, Paris ve Amsterdam'a gittim ve gittiğim her yerde, insanların kendilerini geliştirmek ve aydınlatmak için sürekli araştırdıklarını gördüm. Zihinlerinin çalışma şekli onları çok meraklandırıyor ve bu doğrultuda, hayatlarının ve deneyimlerinin kontrolünü ele almak için *içsel bilgeliklerini* kullanıyorlar.

Yeni ruhsallık seviyelerine ulaşıyoruz. Din savaşları hâlâ sürmesine rağmen, giderek daha az etkili hale geliyorlar. Birbirimizle daha yüksek bilinç seviyelerinde bağlantı kurmaya başlıyoruz. Berlin Duvarı'nın çöküşü ve Avrupa'da özgürlüğün doğuşu, genişleyen bilincimizin örnekleridir, çünkü özgürlük doğuştan hakkımızdır. Her bireyin bilinci yükseldikçe, grup bilinci de bundan etkilenir.

Bilincinizi olumlu biçimde kullandığınız her seferinde, aynı şeyi yapan başkalarıyla bağlantı kurarsınız. Olumsuz bir şekilde kullandığınız her seferinde ise, bağlantıyı olumsuz insanlarla kurarsınız. Meditasyon yaptığınızda, gezegen üzerinde meditasyon yapan diğer insanlarla bağlantı kurarsınız. Kendiniz için iyi şeyler hayal ettiğiniz her seferinde, başkaları için de bunu yaparsınız. Bedeninizi iyileştirdiğinizi hayal ettiğiniz her seferinde, aynı şeyi yapan başkalarıyla bağlantı kurarsınız.

Hedeflerimiz düşüncelerimizi genişletmek, olmuş olanın ve olabileceğin ötesine geçmektir. Bilincimiz dünyada mucizeler yaratabilir.

✣ ✣ ✣

Olasılıklar toplamı her şeyi birbirine bağlar; buna *evren* ve ötesi de dahildir. Neyle bağlantı kuruyorsunuz? Önyargı, bir korku biçimidir. Önyargılarınız varsa, diğer önyargılı insanlarla bağlantı kurarsınız. Bilincinizi açar ve koşulsuz sevgiye ulaşmak için elinizden geleni yaparsanız, yukarı doğru tırmanan grafikle bağlantı kurarsınız. Geride kalmak ister misiniz? Yoksa diğerleriyle birlikte yükselmeyi mi tercih edersiniz?

Dünyada sık sık bir kriz olur. Kaç kişi o sorunlu bölgeye olumlu enerji gönderiyor, her şeyin olabildiğince çabuk bir şekilde yoluna girmesi yönünde önermeler kullanıyor ve ilgili herkesin en yüce çıkarına hizmet edecek bir çözümün olduğuna inanıyor? Bilincinizi, herkes için bolluk ve uyum yaratacak şekilde kullanmalısınız. Ne tür bir enerji gönderiyorsunuz?

Lanetler savurmak ve sızlanmak yerine, ruhsal seviyede *güç* ile bağlantı kurabilir ve hayal edilebilecek en olumlu sonuçları onaylayabilirsiniz.

✣ ✣ ✣

Düşünce ufkunuzu ne kadar genişletmek istiyorsunuz? Komşularınızın düşünce tarzının ötesine geçmek ister misiniz? Komşularınız sınırlıysa, yeni dostlar edinin. Ne kadar esneyecek, ne kadar uzanacaksınız? "Yapamam"ları "yapabilirim"lere çevirmek için ne kadar isteklisiniz?

Bir şeyin tedavi edilemez olduğunu duyduğunuz her seferinde, zihninizde bunun doğru olmadığını bilin. Çok daha büyük bir *gücün* varlığını bilin. Bana göre "tedavi edilemez" ifadesi, sadece tıp mesleğinin henüz belli bir hastalığı nasıl tedavi edeceğini keşfedemediği anlamına gelir. Mümkün olmadığı anlamına gelmez. Sadece içimize yönelmeli ve bir çözüm bulmalıyız. İstatistiklerin ötesine geçebiliriz. Bizler bir tablodaki sayılar değiliz. O sayılar, o tablolar, sadece başka birinin sınırlı düşüncesinin yansımalarıdır. Kendimize olasılıklar vermezsek, umut da vermeyiz. Washington'da düzenlenen Ulusal Aids Konferansı'nda konuşan Dr. Donald M. Pachuta, şöyle demişti: "Tarih boyunca yüzde 100 ölümcül olan bir salgın hastalıkla *hiç* karşılaşmadık."

Bu gezegenin bir yerinde, biri yarattığımız tüm rahat-sızlıklardan kurtulmayı başardı. Sadece kasveti, umutsuzluğu ve çaresizliği kabullenirsek, olduğumuz yerde takılıp kalırız. Cevaplar bulabilmek için olumlu bir yaklaşıma ihtiyacımız var. Kendimizi iyileştirmek için içimizdeki *gücü* kullanmaya başlamalıyız.

Diğer Güçlerimiz

Beynimizin sadece yüzde 10'unu kullandığımız söyleniyor; sadece yüzde 10'u! Diğer yüzde 90'ın amacı nedir? Psişik beceriler, telepati, duru-görü veya kehanet gibi beceriler, bence son derece normal ve doğal şeyler. Sadece, bu fenomenleri deneyimlemek için kendimize izin vermiyoruz. Bunu yapmamamızın veya yapamayacağımıza inanmamızın türlü nedenleri var. Küçük çocuklar genellikle psişiktir. Ne yazık ki ebeveynleri hemen şöyle der: "Öyle deme," "Bu sadece hayal gücün," "Böyle aptalca şeylere inanma." Çocuk kaçınılmaz bir şekilde bu becerilerini köreltir.

Bence zihin çok büyük şeyler yapabilir ve kendimi ışınlamayı nasıl yapacağımı bilsem, New York'tan Los Angeles'a uçağa binmeden gidebileceğimden kesinlikle eminim. Nasıl yapılabileceğini henüz bilmiyorum ama yapılabileceğini biliyorum.

Bence hepimiz inanılmaz şeyler başarabiliriz ama henüz bilgiye sahip değiliz, çünkü sahip olursak kendi iyiliğimiz için kullanmayacağız. Muhtemelen elimizdeki bilgiyle başkalarının canını yakacağız. Önce gerçekten koşulsuz sevgiyle yaşayabileceğimiz ve böylece beynimizin diğer yüzde 90'ını kullanmaya başlayabileceğimiz bir noktaya geleceğimize inanıyorum.

Ateşte Yürümek

Kaçınız ateş üzerinde yürüyenleri duydunuz? Seminerlerde bu soruyu sorduğumda, yüzlerce el havaya kalkıyor. Hepimiz sıcak kömürlerin üzerinde yürümenin kesinlikle imkansız olduğunu biliyoruz, öyle değil mi? Kimse bunu ayaklarını yakmadan yapamaz. Ama yapan insanlar var ve hiç de sıra dışı insanlar değiller; sadece sizin ve benim gibi insanlar. Muhtemelen bir akşam bir ateş üzerinde yürüme atölye çalışmasına katılarak, bunu nasıl yapacaklarını öğrendiler.

Darby Long adında bir arkadaşım, kanser uzmanı Dr. Carl Simonton ile birlikte çalışıyor. Kanserli insanlar için bir hafta süren atölye çalışmaları düzenliyorlar ve bu atölye çalışmalarında, bir ateşte yürüme gösterisi sergiliyorlar. Darby bunu defalarca yaptı ve hatta sıcak kömürlerin üzerinde yürürken kucağında birilerini bile taşıdı. Kanserli insanların böyle bir gösteriyi izlemelerinin nasıl bir şey olduğunu hep hayal etmişimdir. Muhtemelen birçoğunu hayretler içinde bırakmıştır. Sınırlamayla ilgili kavramları, sonrasında hiç şüphesiz değişmiştir.

Bu ülkede ateş üzerinde yürümeye ilk başlayan genç adam olan Anthony Robbins'in, gezegende gerçekten sıra dışı bir şey başarmak için burada olduğuna inanıyorum. Robbins, NLP üzerinde çalıştı ve insanların davranış kalıplarını, belli olaylara verdikleri tepkileri inceledi. NLP, Dr. Milton Erickson'ın hipnoz tekniklerine dayanır; bu teknikler, John Grinder ve Richard Bandler tarafından sistematik bir şekilde gözlemlenip kayda geçirilmiştir. Tony ateş üzerinde yürüme fenomenini duyduğunda, öğrenmek ve başkalarına öğretmek istemişti. Bir yogi ona bunu öğrenmenin ve meditasyonda ustalaşmanın yıllar süreceğini söylemişti ama NLP'yi kullanarak, Tony birkaç saat içinde öğrenmişti. Eğer kendisi bunu yapabilirse, herkesin yapabileceğini biliyordu. İnsanlara sıcak kömür üzerinde yürümeyi öğretmeye başladı; harika bir numara olduğu için değil, insanlara kendi sınırlamalarının ve korkularının ötesine geçmeyi öğrettiği için.

Her Şey Mümkündür

Benimle birlikte tekrarlayın: *"Olasılıklar toplamında yaşıyorum ve bulunduğum yerde her şey mükemmel."* Bu kelimeleri biraz düşünün. *Her şey mükemmel*. Biraz iyi değil; *mükemmel*. Her şeyin mümkün olduğuna inandığınızda, kendinizi hayatınızın her alanında cevaplara açarsınız.

Bulunduğumuz yer, olasılıklar toplamıdır. Gerek bireysel, gerekse grup olarak, her şey bize bağlıdır. Ya etrafımıza duvarlar öreriz ya da onları yıkar ve hayatımıza tüm güzellikleri ve iyilikleri çekmek için kendimizi tamamen açarız. Kendinizi tarafsız bir şekilde gözlemlemeye başlayın. İçinizde olup bitenleri inceleyin; kendinizi nasıl hissediyorsunuz, nasıl tepki veriyorsunuz, nelere inanıyorsunuz? Gözleminizi, yargılamadan, eleştirmeden veya yorumlamadan yapın. Bunu yapabildiğinizde, hayatınızı olasılıkları toplamında yaşayacaksınız.

5. KISIM

GEÇMİŞİ ARKADA BIRAKMAK

Gezegen, bir bütün olarak bilinç kazanıyor. Kendinin farkına varıyor.

14. BÖLÜM

DEĞİŞİM VE GEÇİŞ

Bazı insanlar, değişmektense gezegenden ayrılmayı tercih ediyorlar.

Değişim genellikle karşımızdaki kişinin yapmasını istediğimiz şeydir, değil mi? Karşımızdaki kişi derken, devleti, büyük şirketleri, patron veya iş arkadaşlarını ve yabancıları da katmak istiyorum; okul, eş, anne, baba, çocuklar vs. Kısacası, kendimizden başka herkes. Kendimiz değişmek istemeyiz ama hayatlarımızın farklı olabilmesi için diğer herkesin değişmesini isteriz. Ama yine de, gerçekleştireceğimiz her değişim sonuçta kendi içimizden gelir.

Değişim, kendimizi izolasyondan, ayrılıktan, yalnızlıktan, öfkeden, korkudan ve acıdan kurtarmamız anlamına gelir. Huzur dolu hayatlar yaratırız; böylelikle gevşeyebilir ve hayatı bize geldiği gibi deneyimleyebiliriz. Her şeyin yolunda olduğunu biliriz. *"Hayat harikadır, benim dünyamda her şey mükemmeldir ve daima daha büyük iyiliğe doğru ilerlerim,"* görüşüyle hareket ederim ve böylelikle, hayatımın hangi yöne gittiği fark etmez, çünkü harika olacağını bilirim. Dolayısıyla, her türlü durum ve şartlardan zevk alabilirim.

Konferanslarımdan birinde biri çok fazla sorun yaşıyordu ve *acı* kelimesi tekrar tekrar sohbete karışıyordu. Bana kullanabileceği başka bir kelime olup olmadığını sordu. Üzerine pencereyi kapatarak parmağımı ezdiğim bir an aklıma geldi. Kendimi acıya kaptırırsam, çok zor bir an yaşayacağımı biliyordum. Bu yüzden, olay olduğunda, hemen zihinsel çalışma yapmaya başladım ve parmağımın çok fazla hissi aynı anda algıladığını düşündüm. Olanlara bu şekilde bakmak, sanırım parmağımın çok daha hızlı iyileşmesini ve çok sevimsiz olabilecek bir deneyimle başa çıkmamı sağladı. Bazen düşüncemizi biraz değiştirebilirsek, bir durumu tamamen değiştirebiliriz.

Değişimi içsel ev temizliği gibi düşünebilir misiniz? Bunu azar azar yaparsanız, zaman içinde her şey yoluna girer. Ama sonuçları görmek için her şeyi yapmak zorunda değilsiniz. Eğer biraz değişirseniz, çok geçmeden kendinizi farklı hissetmeye başlarsınız.

✣ ✣ ✣

Yılbaşında Peder O. C. Smith'in Los Angeles'taki Zihin Bilimi Kilisesi'ndeki vaazını dinlerken, beni çok düşündüren bir şey söyledi:

"Yeni yıl geldi ama yeni yılın sizi değiştirmeyeceğini anlamalısınız. Sadece yeni yıl olduğu için, hayatınızda herhangi bir fark yaratmayacak. Değişim, ancak kendi içinize yönelip değişmeyi gerçekleştirmeye istekli olursanız gelecek."

Bu kesinlikle doğru. İnsanlar her seferinde yeni yıl kararları veriyorlar ama içsel olarak herhangi bir değişiklik yapmadıkları için, kararlarından çabucak vazgeçiyorlar. "Bir daha asla sigara içmeyeceğim," diyor biri. Ama bilinçaltına ne yapması gerektiğini söylemek yerine, hemen olumsuz şekilde ifade ediyor. Bu durumda, aslında şöyle denmelidir: "Sigara isteğim artık sona erdi ve artık özgürüm."

İçimizde değişiklikler yapana kadar, zihinsel çalışmamızı tamamlayana kadar, dışımızdaki hiçbir şey değişmeyecektir. Ama içsel değişimler inanılmayacak kadar basit olabilir, çünkü gerçekte ihtiyacımız olan tek değişim, düşüncelerimizdedir.

Bu yıl olumlu sonuçlar elde etmek için geçen yıl yapmadığınız neleri yapabilirsiniz? Biraz durun ve bu soruyu düşünün. Geçen yıl size sıkıca tutunan neyi bu yıl bırakmak istersiniz? Hayatınızda neyi değiştirmek istersiniz? Bunu yapmaya istekli misiniz?

Değişmeye istekli olduğunuzda size fikir verecek bir sürü bilgi vardır. Değişmeye istekli olduğunuz anda, *evrenin* size nasıl yardım etmeye başladığına inanamazsınız. İhtiyacınız olan her şeyi size getirir. Bir kitap, bir kaset, bir öğretmen veya bir arkadaş, aniden sizin için derin anlam taşıyan bir vurgu yapabilir.

Bazen şartlar iyileşmeden önce kötüleşir ve bu iyidir, çünkü süreç başlamaktadır. Eski bağlantılar çözülmektedir ve yapılması gereken, bu çözülüşle birlikte akmaktır. Paniğe kapılmayın ve işe yaramadığını düşünmeyin. Sadece olumlu düşünceleriniz ve yeni inançlarınızla çalışmaya devam edin.

İlerleme Kaydetmek

Elbette ki bir değişim yaratmaya karar verdiğiniz andan gerçekleştirdiğiniz ana kadar, bir geçiş süreci vardır. Eski ve yeni arasında bocalar, sendelersiniz. Daha önce olanla, olacak veya olmasını istediğiniz şey arasında gidip gelirsiniz. Bu normal ve doğal bir süreçtir. Sık sık insanların şöyle dediğini duyarım: "Şey, bunu biliyorum." Cevabım: "Peki, yapıyor musun?" Ne yapılacağını bilmek ve o şeyi yapmak, iki farklı şeydir. Yeni olanda güç kazanana ve geçişi tamamlayana kadar zaman geçer. O zamana kadar değişim çabalarınızda ısrarlı ve dikkatli olmanız gerekir.

Örneğin, birçok kişi belki üç kez olumlu düşünür ve sonra da vazgeçer. Sonra olumlu ifadelerin işe yaramadığını, gülünç olduklarını vs. söylerler. Değişim yaratmak için kendimize zaman tanımalıyız; değişim, eylem gerektirir. Dediğim gibi, en önemlisi, önermelerinizi söyledikten sonra ne yaptığınızdır.

Bu geçiş sürecini sürdürürken, attığınız her küçük adımda kendinizi kutlamayı ihmal etmeyin. Gerilediğiniz için kendinizi azarlarsanız, değişim baskıcı bir hal alır. Eskiden yeniye geçerken elinizdeki tüm araçları kullanın. İçinizdeki küçük çocuğa, her şeyin yolunda olduğuna dair güvence verin.

✣ ✣ ✣

Yazar Gerald Jampolsky, sevginin korkudan kurtulmak olduğunu, ya sevgi ya da korkunun var olabileceğini söyler. Eğer kalbimizde sevgiden yola çıkmıyorsak, o zaman korkuyla hareket ederiz ve izolasyon, ayrılık, öfke, suçluluk duygusu ve yalnızlık gibi durumlar korku sendromunun parçalarıdır. Korkudan sevgiye geçmek ve sevgiyi kendimiz için kalıcı bir durum yapmak isteriz.

Değişimin çok çeşitli yolları vardır. İçinizde kendinizi iyi hissetmek için her gün ne yapıyorsunuz? Bunu başka insanları suçlayarak veya kurban olarak yapamazsınız. Yaptığınız şey nedir? Huzuru içinizde ve etrafınızda nasıl deneyimliyorsunuz? Eğer şimdi yapmıyorsanız, başlamaya istekli misiniz? İçinizde bir huzur ve uyum yaratmak istiyor musunuz?

Kendinize soracağınız diğer bir soru da şudur: Gerçekten değişmek istiyor muyum? Hayatta sahip olmadığınız şeyler için sızlanmaya devam etmek istiyor musunuz? Şimdi sahip olduğunuzdan çok daha muhteşem bir hayatı yaratmayı gerçekten istiyor musunuz? Eğer değişmek istiyorsanız, değişebilirsiniz. Gerekli işi yapmaya kararlıysanız, hayatınızı daha iyiye doğru değiştirebilirsiniz. Benim sizin üzerinizde bir gücüm yok ve bunu sizin adınıza yapamam. Güce sahip olan sizsiniz ve kendinize bunu sürekli hatırlatmalısınız.

✣ ✣ ✣

Unutmayın, içsel huzuru korumak, bizi kendimize benzeyen, huzurlu insanlarla bağlantıda tutar. Ruhsallık, bizi ruhsal seviyede bütün gezegenin her yerine bağlar ve deneyimlemeye henüz başladığımız kozmik ruhsallık duygusu, dünyayı daha iyi bir yer haline getirecektir.

Ruhsallıktan söz ettiğimde, dinden söz etmiyorum. Dinler bize kimi nasıl seveceğimizi ve kimin değerli olduğunu söyler. Bana göre hepimiz sevgiyi hak ediyoruz ve hepimiz sevilebiliriz. Ruhsallığımız, yüce kaynağımızla doğrudan bağlantımızdır ve bunun için bir aracıya ihtiyacımız yoktur. Ruhsallığın, bizi çok derin ruh seviyesinde bütün gezegende birleştirebileceğini görmeye başlayın.

Gün içinde birçok kez durup, kendinize şöyle sorabilirsiniz: *"Şu anda ne tür insanlarla bağlantı kuruyorum?"* Kendinize periyodik olarak şunu sorun: *"Bu durum veya şartlarla ilgili gerçekte kime inanıyorum?"* Üzerinde düşünün. *"Kendimi nasıl hissediyorum? İnsanların benden istediği şeyleri yapmayı gerçekten istiyor muyum? Bunu neden yapıyorum?"* Düşüncelerinizi ve duygularınızı incelemeye başlayın. Kendinize karşı dürüst olun. Ne düşündüğünüzü ve neye düşündüğünüzü anlayın. Otomatik pilota geçip, hayatı rutin şekilde yaşamayın: "Ben böyleyim ve yaptığım şey de bu." Neden yapıyorsunuz? Olumlu ve güçlendirici bir deneyim değilse, nereden kaynaklandığını bulun. İlk ne zaman yaptınız? Şimdi ne yapacağınızı bilin. İçinizdeki *zeka* ile bağlantı kurun.

Stres, Korkunun Diğer Bir Tanımıdır

Bugünlerde sık sık stresten söz ediyoruz. Herkes bir konuda stresli görünüyor. Stres kelimesi her yerde ve bence biraz anlamından uzak kullanılıyor. "Çok stresliyim," "Bu çok stresli bir iş" veya "Ah hep bu stres, stres, stres."

Bana göre stres, hayatın sürekli değişimlerine verilen korku dolu bir tepkidir. Kendi duygularımız için sorumluluk almamamız konusunda bir bahanedir. "Stres" kelimesini "korku" kelimesiyle eşanlamlı kılarsak, hayatlarımızdan korku duygusunu da atmamız gerektiği açıkça görülür.

Bir dahaki sefere ne kadar stresli olduğunuzu düşündüğünüzde, kendinize sizi neyin korkuttuğunu sorun: *"Kendimi nasıl aşırı yüklüyor veya boğuyorum? Gücümden neden vazgeçiyorum?"* İçsel huzur ve uyum sağlamaktan sizi alıkoyan korkuyu yaratmak için kendinize ne yaptığınızı sorun.

Stres, içsel uyum değildir. İçsel uyum, kendinizle barışık olmanızla başlar. Aynı anda hem içsel uyuma sahip olmak hem de stresli olmak mümkün değildir. Huzurluysanız, işleri teker teker yaparsınız; sizi ezmelerine izin vermezsiniz. Stresli olduğunuzda, korkudan kurtulmak için bir şey yapın, böylece hayatta güvenle ilerlemeye devam edebilirsiniz. "Stres" kelimesini olduk olmadık her yerde kullanmayın. "Stres" gibi küçük bir kelimeye çok fazla güç yüklemeyin. Hiçbir şeyin sizin üzerinizde gücü yoktur.

Daima Güvendesiniz

Hayat, sürekli açılıp kapanan bir dizi kapıdır. Farklı deneyimlerle odadan odaya yürürüz. Birçoğumuz eski olumsuz kalıpların, bizi artık güçlendirmeyen veya işimize yaramayan durumların ve engellerin üzerine kapıları kapamak isteriz. Birçoğumuz yeni kapıları açma ve muhteşem yeni deneyimlerle karşılaşma sürecindeyiz.

Bu gezegene defalarca geldiğimize ve her seferinde öğrenmemiz gereken bir ders olduğuna inanıyorum. Bu, okula gitmek gibidir. Gezegen üzerinde herhangi bir zamanda enkarne olmadan önce, ruhsal olarak gelişebilmek için öğrenmemiz gereken dersleri seçiyoruz. Dersimizi seçtikten sonra, dersi öğrenmemizi sağlayacak tüm şart ve durumları da belirliyoruz ve buna ebeveynlerimiz, cinsiyetimiz, doğum yerimiz ve ırkımız da dahil. Eğer hayatınızda bulunduğunuz noktaya kadar geldiyseniz, inanın bana, daima doğru tercih yapmışsınız demektir.

Hayatta ilerlerken, kendinize güvende olduğunuzu hatırlatmak önemlidir. Olan şey sadece değişimdir. *Yüksek benliğinizin* size rehberlik edeceğine ve ruhsal gelişiminiz için en iyi şeylere götüreceğine güvenin. Joseph Campbell'ın bir defasında dediği gibi: "Mutluluğunuzu izleyin."

Önünüzde mutluluk, huzur, şifa, zenginlik ve sevgi kapılarının açıldığını görün; anlayışa, şefkate, bağışlayıcılığa ve özgürlüğe açılan kapıları; özdeğere, özgüvene ve kendini sevmeye açılan kapıları. Siz ölümsüzsünüz. Deneyimden deneyime koşarak sonsuza dek devam edeceksiniz. Gezegendeki en son kapıdan geçerken bile, aslında bir son olmadığını bilin. Sadece yeni bir maceraya başlıyorsunuz.

✣ ✣ ✣

Elbette ki kimseyi değişmeye zorlayamazsınız. Onlara istedikleri takdirde olumlu değişiklikler yapabilecekleri olumlu bir zihinsel atmosfer sunabilirsiniz ama bu değişimi başkaları adına siz gerçekleştiremezsiniz. Herkes, kendi dersini öğrenmek için buradadır ve bunu onlar için siz yaparsanız, zaman içinde yine yapmak zorunda kalırlar, çünkü hiçbir şey öğrenemezler. İhtiyaçları olan şeyin ne olduğunu anlamamışlardır.

Kardeşlerinizi sevin. Onları oldukları gibi kabullenin. Gerçeğin daima içlerinde olduğunu ve istedikleri takdirde her an değişebileceklerini bilin.

15. BÖLÜM

BİRBİRİMİZİ SEVMENİN GÜVENLİ OLDUĞU BİR GEZEGEN

Gezegeni yok edebilir veya iyileştirebiliriz. Her gün gezegene sevgi dolu, iyileştirici enerji gönderin. Zihinlerimizle yaptığımız şey bir fark yaratacaktır.

Gezegenimiz çok büyük bir değişim geçiriyor. Eski bir düzenden yeni bir düzene geçiyoruz ve bazıları bunun Kova Çağı ile başladığını söylüyor; en azından astrologlar oluşumu bu şekilde tanımlıyor. Bana göre, astroloji, numeroloji, el falı ve diğer tüm psişik fenomen yöntemleri, sadece hayatı tanımlamak için kullanılan yöntemlerdir. Hayatı bize biraz farklı şekillerde tanımlarlar.

Astrologlar, Balık Çağı'ndan çıkıp Kova Çağı'na girdiğimizi söylüyorlar. Balık Çağı boyunca, bizi kurtarmaları için başka insanlara yöneldik. Başka insanların bunu bizim yerimize yapmalarını bekledik. Yeni girdiğimiz Kova Çağı'nda ise, insanlar kendilerini kurtarma becerisine sahip olduklarını fark ederek kendi içlerine yöneliyorlar.

Sevmediğimiz şeyi değiştirmek gerçekten de özgürleştirici değil mi? Aslında, gezegenin değiştiğinden o kadar da demin değilim ama daha bilinçli hale geldiğimizi ve farkındalığımızın arttığını görebiliyorum. Uzun süredir hazırladığımız şartlar, yüzeye çıkıyor; aile içi sorunlar, çocuk tacizleri ve tehlike altındaki gezegenimiz gibi.

Diğer her şeyde olduğu gibi, değişim yaratmak için öncelikle farkına varmamız gerek. Değişebilmek için zihnimizde temizlik yaptığımız gibi, Tabiat Ana için de aynı şeyi yapıyoruz.

Dünyamızı canlı, bütün, nefes alıp veren bir organizma, bir kimlik olarak görmeye başlıyoruz. Nefes alıp veriyor. Kalbi atıyor. Çocuklarıyla ilgileniyor. Muhtemelen ihtiyacımız olabilecek her şeyi bize sunuyor. Tam bir denge içinde. Ormanda veya doğanın bir yerinde bir gün geçirirseniz, gezegendeki tüm sistemlerin nasıl mükemmel bir şekilde çalıştığını görebilirsiniz. Varlığını mükemmel bir uyum ve denge içinde geçirmek üzere tasarlanmış.

Biz ise, çok şey bilen insanoğlu olarak, dengesini ve uyumunu bozarak gezegeni yok etmek için elimizden geleni yapıyoruz. Hırsımız ve açgözlülüğümüz büyük ölçüde işe karışıyor. En iyisini bildiğimizi düşünüyoruz ve kibrimizle, hırsımızla, parçası olduğumuz canlı, nefes alıp veren bu organizmayı yok ediyoruz. Dünyayı yok edersek, yaşamak için nereye gideceğiz?

İnsanlarla gezegeni daha çok önemsemek hakkında konuştuğumda, şimdi karşılaştığımız sorunlar altında ezildiklerini biliyorum. Tek bir kişinin bir şey yapması, bütün oluşumda bir fark yaratmayacakmış gibi geliyor. Ama hiç de öyle değil. Herkes azıcık bir şeyler yapsaydı, toplam muazzam bir etki olurdu. Etkileri şu anda önünüzde göremeyebilirsiniz ama inanın bana, Tabiat Ana kümülatif etkiyi hissediyor.

Aids destek grubumda kitap satmak için kurduğumuz küçük bir masamız var. Geçenlerde içine ürünler koyduğumuz torbalar tükendi ve bu yüzden, alışveriş yaparken aldığım torbaları saklamaya karar verdim. Başlangıçta, "Hafta sonunda pek fazla torban olmayacak!" diye düşünmüştüm ama ne yanılgı! Boğazıma kadar torbalara gömülmüştüm! Çalışanlarımdan biri de aynı şeyi deneyimledi. Saklamaya başlayana kadar, bir haftada ne kadar çok torba kullandığını fark etmediğini söyledi. Bu konuyu Tabiat Ana açısından ele alırsak, bir-iki saatliğine kullanmak için birkaç ağaç kesmemizin ne kadar fark yarattığını görürüz, çünkü genellikle kullandıktan sonra torbaları atıyoruz. Bana inanmıyorsanız, bir hafta için bunu deneyin: Alışveriş yaparken aldığınız bütün torbaları biriktirin ve ne kadar çok kullandığınızı kendiniz görün.

Şimdi alışveriş yaparken kullandığım büyük kumaş bir torbam var ve eğer yanıma almayı unutursam, ilk alışveriş yaptığım yerden büyük bir torba istiyorum ve diğer yerlerden aldıklarımı onun içine koyuyor, böylece çok sayıda torba toplamaktan kurtuluyorum. Kimse bana bunu yaptığım için tuhaf gözle bakmıyor. Sadece çok mantıklı görünüyor.

Avrupa'da uzun süreden beri bez alışveriş torbaları kullanmaya alışkınlar. İngiltere'den bir arkadaşım ziyaretime geldiğinde, süpermarketlere alışverişe gitmeye bayıldı, çünkü kağıt torbaları eve getirebiliyordu. Bunun kesinlikle Amerikan tarzı olduğunu düşündü. Şirin bir gelenek olabilir ama gerçek şu ki küresel düşünmeye ve bu küçük geleneklerin çevre üzerinde yarattığı etkilerin farkına varmaya başlamak zorundayız.

Amerikalıların ürünleri paketlemek konusunda özgün bir tutumları var. Birkaç yıl önce Meksika'dayken, geleneksel bir pazar yerini ziyaret ettim ve sergiye sunulmuş paketsiz meyve ve sebzelere hayran oldum. Birleşik Devletler'dekiler kadar güzel olmayabilirlerdi ama bana son derece sağlıklı ve doğal görünmüşlerdi. Yanımdaki insanlardan bazıları ise korkunç ve sevimsiz göründüklerini düşünmüştü.

Pazarın başka bir yerinde açık kovalar ve içlerinde toz baharatlar vardı. Yine hayranlık duydum, çünkü yan yana duran kovalar parlak ve çok renkli görünüyordu. Arkadaşlarım öyle açık kovalardan asla baharat almayacaklarını söylediklerinde nedenini sordum. Hijyenik olmadığını söylediler. Tekrar nedenini sorduğumda, çünkü paketlenmemiş olduklarını söylediler. Güldüm. Acaba paketlere konmadan önce baharatların nerede olduğunu sanıyorlardı? Nesnelerin bize belli bir şekilde sunulmasına öyle alışıyoruz ki bütün o süslü paketlemeler ve göz boyayan ambalajlar olmazsa, kabul etmekte zorlanıyoruz.

Çevre için bazı küçük değişiklikler yapıp yapamayacağımızı görmeye hevesli olalım. Yaptığınız tek şey bez bir alışveriş torbası almak veya dişlerinizi fırçalarken suyu kapamak bile olsa, bunu yaparak büyük katkıda bulunursunuz.

Ofisimde elimizden geldiğince tasarruflu davranıyoruz. Binada dönüştürülebilir kopya kağıtlarını her hafta toplayan ve dönüştürme merkezine götüren bir görevlimiz var. Kargo zarflarını tekrar tekrar kullanıyoruz. Mümkün olduğunca, kitaplarımızın kağıtlarını yeniden dönüştürüyoruz; hatta biraz daha maliyetli olsa bile. Bazen bunu yapmak mümkün olmuyor ama yine de istiyoruz, çünkü istemeye devam ettiğimiz sürece, sonunda bunu yapacak yeterince matbaa makinesinin bulunacağına inanıyoruz. Her alanda bu şekilde tutumlu davranıyoruz. Bir şey için talep yaratarak, kolektif güç olarak gezegenimiz için farklı şekillerde şifa oluşturabiliriz.

Evde organik bahçe işiyle uğraşıyorum ve bahçe için harç hazırlıyorum. Kullanılan her sebze parçası, o harç yığınına gidiyor. Ne bir yeşil salata parçası ne de bir ağaç yaprağı, asla bahçemden çıkmıyor. Alınan şeyi toprağa geri vermenin önemine inanıyorum. Benim için sebze temizliği yapan arkadaşlarım bile var. Sebze kalıntılarını bir torbaya koyup dondurucularında saklıyor ve beni ziyaret ettiklerinde, harç yığınına katıyorlar. Oraya çöp olarak giren şey, bitkiler için besleyici verimli toprak olarak geri dönüyor. Geri dönüşüm uygulamalarım yüzünden, bahçem bütün ihtiyaçlarımı cömertçe karşılıyor ve aynı zamanda da çok güzel bir görüntüye sahip.

Sağlıklı Beslenin

Gezegenimiz, kendimize bakmak için ihtiyaç duyduğumuz her şeyi bize verebilir. İhtiyacımız olan tüm yiyecekler onda var. Gezegenin yiyeceklerini yersek sağlıklı oluruz, çünkü doğal tasarımın bir parçası budur. Ama büyük zekamızla, Twinkies gibi yiyecekler tasarlıyor ve sonra da neden sağlığımızın o kadar iyi olmadığını merak ediyoruz. Hepimiz, "Evet, biliyorum," diyerek bol şekerli ürünlere uzanıp duruyoruz. İki kuşak önce Betty Crocker veya Clarence Birdseye ya da her kimse, ilk market tipi yiyecekle ortaya çıktığında, "Ah, ne kadar harika!" demiştik. Sonra bir başkası, bir başkası, bir başkası geldi ve şimdi, kuşaklar sonra, bu ülkede asla gerçek yiyecekleri tatmamış olan insanlar var. Her şey konserve, işlenmiş, dondurulmuş, pastörize edilmiş, kimyasallaştırılmış ve mikrodalgadan geçirilmiş.

Yakın zamanda orduda bugün bağışıklık sistemleri 20 yıl önceki gençlerinki kadar güçlü olmayan askerler olduğu konusunda bir yazı okudum. Vücutlarımıza kendini yenilemek ve geliştirmek için ihtiyaç duyduğu doğal yiyecekleri vermezsek, bir ömür boyu ayakta kalmasını nasıl bekleyebiliriz? Şunu da ekleyin: İlaçlar, uyuşturucular, sigara ve alkol, bol miktarda içsel nefret. Buyurun size mükemmel bir rahat-sızlık ortamı.

Geçenlerde çok ilginç bir olay yaşadım. "Sorumluluk Sahibi Araç Kullanma" diye bir kursa katıldım. Otomobil sigortalarında yüzde 3 ila 10 indirim alan 55 yaş üstü insanlarla doluydu. Bütün sabahı hastalıklarla ilgili konuşarak geçirdiğimizi fark etmek bana çok ilginç geldi; yaşımız ilerledikçe hepimizin hazır olması gereken hastalıklar. Göz rahat-sızlıkları ve kalplerimiz veya kulaklarımızla ilgili ters gidebilecek her şey hakkında konuştuk. Öğle yemeği zamanı geldiğinde, bu insanların yüzde 90'ı, en yakın fastfood restoranına koştu.

Kendi kendime şöyle düşündüm: Hâlâ anlamıyoruz, hâlâ öğrenmiyoruz, değil mi? Her gün bin kişi sigaradan dolayı ölüyor. Bu, yılda 365,000 kişi eder. Her yıl 500,000'den fazla insanın kanserden öldüğünü anlıyorum. Her yıl bir milyon insan kalp krizinden ölüyor. Bir milyon insan! Bunu bilerek, neden hâlâ fastfood restoranlarına koşuyor ve bedenlerimize bu kadar az özen gösteriyoruz?

Kendimizi ve Gezegenimizi İyileştirmek

Bu geçiş dönemindeki katalistlerden* biri, aids krizidir. Aids krizi, birbirimize karşı ne kadar sevgisiz ve önyargılı olduğumuzu açıkça gösteriyor. Aids hastası insanlara o kadar saygısız ve şefkatsiz davranıyoruz ki. Bu gezegende olduğunu görmeyi gerçekten istediğim şeylerden

(*) Kimyasal reaksiyonları hızlandıran ya da azaltan, ancak kendisi tepkimeye girmeyen madde (pozitif katalist, negatif katalist. (Ç.N.)

biri – bunun yaratılmasına yardımcı olmak istiyorum – birbirimizi sevmenin güvenli olduğu bir gezegendir.

Küçükken, çok zayıf, çok şişman, çok çirkin veya çok utangaç olsak bile, olduğumuz gibi sevilmek isterdik. Bu gezegene koşulsuz sevgiyi öğrenmeye geldik; önce kendimizi, sonra başkalarını. Bu *onlar ve biz* fikrinden kurtulmak zorundayız. *Onlar ve biz* diye bir şey yok; sadece *biz* varız. Harcanabilir veya daha düşük seviyede olan insan grupları yok.

Hepimiz birilerini *onlar* ve *oradakiler* diye tanımlıyoruz. *Orada bir başkasının* olduğuna inandığımız sürece asla gerçek anlamda ruhsal olamayız. Birçoğumuz, önyargının normal ve doğal kabul edildiği aile ortamlarında büyüdük. Bu ya da şu grup asla yeterince iyi değildi. Kendimizi daha iyi hissetmek için, baka bir grubu aşağılıyorduk. Ama başka birinin yeterince iyi olmadığını söylediğimiz sürece, gerçekte yansıttığımız şey, kendimizin yeterince iyi olmadığımızdır. Unutmayın, bizler birbirimizin aynasıyız.

✣ ✣ ✣

The Oprah Winfrey Show'a davet edildiğim zamanı hatırlıyorum. Hayatlarını gayet iyi şekilde sürdüren beş aids hastasıyla birlikte televizyona çıkmıştım. Altımız önceki akşam yemek için buluşmuştuk ve inanılmayacak kadar güçlendirici bir toplantıydı. Yemeğimizi yemek için oturduğumuzda, enerji inanılmazdı. Ağlamaya başladım, çünkü bu yıllardır açlığını çektiğim bir şeydi; Amerikan halkına umut olduğu yönünde olumlu bir mesaj verebilmek. Bu insanlar kendilerini iyileştiriyordu ve kolay değildi. Tıp çevreleri onlara öleceklerini söylemişti. Deneme yanılma yöntemiyle çok çeşitli deneyler yapmak zorunda kalmışlardı ve kendi sınırlamalarının ötesine geçmeye kararlıydılar.

Ertesi gün çekimler yapıldı ve çok güzel bir program oldu. Aids hastası kadınlar da programda temsil edildiği için çok memnun olmuştum. Orta Amerika'dakilerin kalplerini açmalarını ve aids'in umursamadıkları bir grubu etkilemediğini anlamalarını istiyordum; bu hastalık herkesi etkiliyor. Dışarı çıktığımda, kameranın uzağında Oprah yanıma geldi ve bana sarılarak "Louise, Louise, Louise," dedi.

O gün umut mesajı verdiğimizi biliyordum. Dr. Bernie Siegel'in kendini her türlü kanserden kurtarabilen biri olduğunu söylediğini duydum. O halde daima umut var demektir ve umut, bize olasılıklar verir. Ellerimizi yukarı kaldırıp yapılabilecek bir şey olmadığını söylemektense, ileri doğru yapılabilecek çalışmalar var demektir.

✣ ✣ ✣

Aids virüsü sadece işini yapıyor; olduğu gibi. Devlet ve tıp mesleği yeterince hızlı hareket etmediği için, aids yüzünden ölecek heteroseksüel insanların sayısının artması kalbimi kırıyor. Aids bir "eşcinsel" hastalığı olarak görüldüğü sürece, acilen ihtiyaç duyulan dikkati çekemeyecek; o halde, bunun yasal bir hastalık olarak kabul edilmesi için daha kaç "normal" insanın ölmesi gerekecek?

Önyargılarımızı ne kadar çabuk bir kenara atar ve bu krizi çözmek için harekete geçersek, bütün gezegenin de o kadar hızlı iyileşeceğine inanıyorum. Ama insanların acı çekmesine izin verirsek, gezegeni iyileştiremeyiz. Bana göre, aids bu gezegenin kirliliğinin bir parçası. California sahillerindeki yunusların bağışıklık sisteminden kaynaklanan rahat-sızlıklardan öldüğünü biliyor muydunuz? Bunun cinsel tercihlerinden kaynaklandığını hiç sanmıyorum. Topraklarımızı o kadar çok kirlettik ki artık sebze ve meyvelerin büyük bölümü yenemeyecek durumda. Sularımızdaki balıkları öldürüyoruz. Havamızı kirlettiğimiz için şimdi asit yağmurları ve ozon tabakasında bir delik var. Bedenlerimizi kirletmeye devam ediyoruz.

Aids korkunç, çok korkunç bir hastalık ama aids yüzünden ölen insanların sayısı, kanser, sigara ve kalp rahat-sızlıkları yüzünden ölenlere kıyasla çok düşük. Yarattığımız rahat-sızlıkları yok edecek daha etkili ilaçlar geliştirmek için uğraşıp duruyoruz ama yaşam tarzlarımızı ve beslenme alışkanlıklarımızı değiştirmek istemiyoruz. Hastalığımızı iyileştirmek yerine ya bastırmak için ilaç istiyor ya da kesip atmak için ameliyat oluyoruz. Ne kadar çok bastırırsak, sorunlar o kadar farklı şekillerde kendilerini ifade ediyorlar. İlaç ve ameliyatın tüm rahatsızlıkların sadece yüzde 10'unu iyileştirebildiğini öğrenmek de çok ilginç. Bu doğru. Kimyasallara, radyasyona ve ameliyata harcadığımız onca paraya rağmen, rahat-sızlıklarımızın sadece yüzde 10'undan kurtulabiliyoruz!

Gelecek asırdaki rahat-sızlıkların zayıflamış bağışıklık sistemlerimizi etkileyen yeni bakteri türlerinden kaynaklanacağını anlatan bir yazı okumuştum. Bu bakteri türleri mutasyona uğramaya başlamış, dolayısıyla şimdi sahip olduğumuz ilaçların onlar üzerinde hiçbir etkisi yok. Açıkça görüldüğü gibi, bağışıklık sistemlerimizi ne kadar çabuk geliştirirsek, kendimizi ve gezegeni de o kadar çabuk iyileştireceğiz. Üstelik sadece fiziksel bağışıklık sistemlerimizden de söz etmiyorum; zihinsel ve duygusal bağışıklık sistemlerimizi de kastediyorum.

✤ ✤ ✤

Bana göre, şifa ve tedavi iki farklı sonuçla ilgilidir. Bence şifanın bir takım çalışması olması gerekir. Doktorunuzun sizi iyileştirmesini bekliyorsanız, sadece birkaç semptomu ortadan kaldırabileceğini ama sorunu çözemeyeceğini bilin. Şifa, kendinizi bütün haline getirmektir. İyileşmek için, bir takımın parçası olmak zorundasınız: Siz ve doktorunuz veya sizinle ilgilenen tıp uzmanı her kimse. Sizi sadece fiziksel olarak iyileştirmeye çalışmayan, bir bütün olarak ele alan çok sayıda holistik doktor var.

Sadece bireysel seviyede değil, toplumsal seviyede de yıkıcı olan inanç sistemleriyle uzun süredir yaşıyoruz. Ailede kulak ağrılarının yaygın olduğunu söyleyenler var. Diğerleri, yağmura çıktıklarında soğuk alacaklarına veya her kış mevsimi boyunca üç kez hasta olduklarına inanıyorlar. Ofiste biri soğuk aldığında, diğer herkes soğuk algınlığına yakalanıyor, çünkü "bulaşıcı." Bu bir fikir ve fikirler bulaşıcıdır.

Birçok kişi rahat-sızlıkların kalıtsal olduğundan söz ediyor. Bunun böyle olması gerektiğine inanmıyorum. Bence ebeveynlerimizden asıl aldığımız şey, zihinsel kalıplarımızdır. Çocukların farkındalık seviyesi yüksektir. Ebeveynlerini taklit etmeye başlarlar; hatta hastalıklarını bile. Bir baba öfkelendiği her seferinde kolonunu geriyorsa, çocuk da bunu taklit eder. Baba yıllar sonra kolon hastalığı geliştirirse, çocuğun da aynı yaşa geldiğinde kolon hastalığı geliştirmesi şaşırtıcı değildir. Kanserin bulaşıcı olmadığını herkes bilir ama yine de ailelerde yaygın şekilde görülür. Çünkü aileler içinde aynı türde kırgınlıklar sürer. Kırgınlıklar birikir, birikir ve sonunda kansere dönüşür.

✣ ✣ ✣

Bilinçli, zekice seçimler yapabilmek için her şeyin farkında olmak zorundayız. Bazı şeyler bizi ürkütebilir (bu da uyanma sürecinin bir parçasıdır) ama ancak o zaman onlarla ilgili bir şeyler yapabiliriz. Çocuk tacizlerinden aids'e, evsizlerin durumundan açlığa kadar *Evrendeki* her şey, sevgimize ihtiyaç duyar. Sevilen ve takdir edilen minik bir çocuk, güçlü, kendinden emin bir yetişkin olur. Biz ve tüm yaşam için her şeye sahip olan gezegen, onu rahat bıraktığımız takdirde, ihtiyacımız olan şeyleri daima sağlayacaktır. Geçmişteki sınırlamalarımızla düşünmeyelim.

Kendimizi bu inanılmaz on yılın olasılıklarına açalım. Asrın bu son 10 yılını bir iyileşme süreci haline getirebiliriz. Temizlemek için gerekli *güç* kendi içimizde;

bedenlerimizi, duygularımızı ve yarattığımız tüm pisliği temizlemek için onu kullanabiliriz. Etrafımız bakıp, ilgiye ihtiyaç duyan şeyleri görebiliriz. Her birimizin seçtiği yaşam tarzının geleceğimiz ve dünyamız üzerinde muazzam bir etkisi olacaktır.

Herkesin En Yüce İyiliği İçin

Bu süreyi, kişisel gelişim yöntemlerinizi tüm gezegene uygulayarak geçirebilirsiniz. Kendiniz için değil, sadece gezegen için de bir şeyler yaparsanız, dengeniz yerinde değil demektir. Sadece kendiniz için çalışıp orada durursanız, bu yine denge değildir.

Kendimizi ve çevremizi nasıl dengeleyebileceğimize bir bakalım. Yaşamlarımızı düşüncelerimizin biçimlendirdiğini ve yarattığını biliyoruz. Bu felsefeyi daima sonuna kadar yaşayamayız ama temel öncülü kabul edebiliriz. En yakın çevremizi değiştirmek istiyorsak, kendi düşünce tarzımızı değiştirmeliyiz. Etrafımızı saran daha büyük dünyayı değiştirmek istiyorsak, onun hakkındaki düşüncelerimizi değiştirmeli, *onlar ve biz* düşüncesini bir kenara atmalıyız.

Dünyada ters giden şeylerle ilgili sızlanmak için harcadığınız tüm çabayı olumlu onaylamalara ve bakış açılarıyla değiştirirseniz, işleri tersine çevirmeye başlarsınız. Unutmayın, zihninizi kullandığınız her seferinde, benzer zihin yapılı insanları kendinize çekersiniz. Yargılayıcı, eleştirel ve önyargılı davranırsanız, aynı şekilde davranan tüm insanlarla aranızda bağlantı kurarsınız. Ama meditasyon yaparsanız, barış, kendinize karşı sevgi ve sevgi dolu bir gezegen hayal ederseniz, bu türde insanlarla bağlantı kurarsınız. Evde, yatağa mahkum olabilir, yine de zihninizi kullanarak gezegenin iyileşmesine yardımcı olabilirsiniz; içsel huzuru bularak. Birleşmiş Milletler'den Robert Schuller'ın bir defasında şöyle dediğini duymuştum: *"İnsanoğlu, barışı hak ettiğimizi bilmek zorundadır."* Ne kadar doğru sözler!

✣ ✣ ✣

Gençlerimizin dünyada olup bitenlerin farkına varmalarını sağlayabilirsek ve onlara bu konuda yapabilecekleriyle ilgili seçenekler sunabilirsek, bilinçte gerçek bir değişim gözlemlemeye başlarız. Çocuklara erken yaşlardan itibaren tutumluluk öğretmek, önemli bir işin gerçekleşmesini garantilemenin ilk adımıdır. Bazı yetişkinler etraflarında olup bitenlerle ilgili sorumluluk almayı kabul etmeseler bile, tüm dünyada çocuklarımızın küresel çapta kirliliğin uzun vadeli etkilerini anlamalarını ve bu durumu değiştirme çabalarını başlatmalarını sağlayabiliriz. *Greenpeace* veya *Earthsave* gibi ekolojik bir vakfa ailece üye olmak harika olabilir ve çocuklarımıza gezegenimizle ilgili sorumluluk almayı öğretmeye başlamak için asla çok erken değildir.

John Robbins'in *Diet For A New America* (Yeni Bir Amerika için Diyet) adlı kitabını okumanızı öneririm. Aileden kalan Baskin-Robbins dondurma işinin sahibi olan John Robbins'in holistik ve barışçıl bir gezegen yaratılması için gösterdiği çabalara hayran oldum. Ülkenin sağlığını tehlikeye atan insanların çocuklarından bazılarının yön değiştirdiğini ve gezegene yardımcı olacak şeyler yaptığını görmek çok güzel.

Devletin eksik kaldığı noktalarda, gönüllü gruplar da kontrolü ele alıyorlar. Devlet çevremizi iyileştirmemize yardım etmeyecekse, oturup bekleyemeyiz. Ayaktakımı seviyesinde birleşip harekete geçmek ve gerekeni yapmak zorundayız. Hepimiz üzerimize düşeni yapabiliriz. Yardım edebileceğiniz alanları araştırmaya başlayın. Bulabildiğiniz her yerde gönüllü olun. Başka bir şey yapamıyorsanız bile, ayda bir saatinizi ayırın.

Bu gezegenin iyileşmesine yardımcı olan güçlerin uç noktasıyız. Şu anda, kanalizasyon borularını boylamakla gezegeni iyileştirmek arasında bir yol ayrımındayız. Bireysel ve kolektif olarak, *onlara* değil, her şey bize bağlı.

Geçmişin ve geleceğin bilimsel teknolojilerini dünün, bugünün ve yarının ruhsal gerçekleriyle birleştirmek için daha fazla fırsat görüyorum. Artık bu unsurları birleştirme zamanı geldi. Şiddet eylemlerinin çocukken travma geçirmiş birinden geldiğini anlayarak, böyle kişilerin değişmesini sağlamak için bilgi ve teknolojilerimizi birleştirebiliriz. Savaşlar başlatarak ya da insanları hapishanelere atıp onları unutarak şiddeti engelleyemeyiz. Bunun yerine, içsel farkındalığı, özgüveni ve içsel sevgiyi teşvik etmeliyiz. Değişim araçlarımız burada; tek yapmamız gereken, onları kullanmak.

✤ ✤ ✤

Lazaris'in, sizinle paylaşmak istediğim çok güzel bir egzersizi var. Gezegenin herhangi bir yerinde bir nokta seçin. Herhangi bir yer olabilir; sizden çok uzakta veya hemen sokağın köşesinde. Sadece iyileşmesine yardımcı olmak istediğiniz bir yer. Orayı iyi beslenmiş, iyi giyimli, güvenli ve huzur içinde yaşayan insanlarla dolu barışçıl bir yer olarak hayal edin. Her gün kısa bir sürenizi ayırın ve bunu hayal etmeyi sürdürün.

Gezegeni iyileştirmek için sevginizi işe katın. Siz önemlisiniz. Sevginizi ve içinizdeki tüm muhteşem nimetleri paylaşarak, yuvamız dediğimiz bu güzel, mavi-yeşil, kırılgan gezegenin enerjisini değiştirmeye başlayabilirsiniz.

Hepsi bu kadar!

SONSÖZ

Hiç de iyi şarkı söyleyemediğim bir zamanı hatırlıyorum. Hâlâ çok iyi şarkı söyleyemiyorum ama çok daha cesurum. Atölye çalışmalarımın ve destek grubu toplantılarımın sonunda insanlara şarkı söyletiyorum. Belki bir gün ders alır ve öğrenirim ama henüz o noktaya gelmedim.

Bir defasında herkese şarkı söyletmeye başladığımda, ses sisteminden sorumlu olan teknisyen mikrofonumu kapamıştı. Asistanım Joseph Vattimo, "Ne yapıyorsun?" diye sordu. "Detone oluyor!" diye cevap verdi adam. Çok utanç vericiydi. Ama artık bir önemi yok. İçimden geldiği gibi söylüyorum ve giderek iyileşiyor gibi geliyor.

Hayatımda sıra dışı deneyimler yaşadım ve en önemlilerinden biri, aids hastası insanlarla birlikte çalışmaktı. Üç yıl önce bakmaya bile cesaret edemeyeceğim insanlara, şimdi sarılabiliyorum. Kendi kişisel sınırlamalarımın çok ötesine geçtim. Bunun ödülü olarak, çok daha fazla sevgi buldum; nereye gitsem, insanlar bana inanılmaz bir sevgiyle yaklaşıyor.

Ekim 1987'de, Joseph ile birlikte aids için devlet yardımı istemek amacıyla düzenlenen bir yürüyüşte yer almak üzere Washington'a gittik. Bu *aids yorganını* kaç kişinin fark ettiğini bilmiyorum. Gerçekten inanılmaz. Ülkenin dört bir yanından insanlar bir araya geldi ve aids yüzünden ölen birini anmak için yorgan yaması getirdi. Büyük sevgiyle hazırlanan bu yamalar, dünyanın diğer yerlerinden gelenlerle birleşti ve muazzam büyüklükte bir yorgan oluştu.

Washington'dayken, yamalar bölümler halinde ayrıldı ve sergilenmek üzere Washington ile Lincoln anıtlarının arasına kondu. Sabah altıda, yorgandaki insanların isimlerini okumaya başladık. Biz bunu yaparken, insanlar yamaları açıyor ve diğerlerinin yanına koyuyordu. Tahmin edebileceğiniz gibi, çok duygusal anlardı. Her yerde insanlar ağlıyordu.

Elimde listeyle durmuş, okumak için bekliyordum. O anda birinin omzuma dokunduğunu hissettim. "Size bir şey sorabilir miyim?" diye birinin sorduğunu duyarken, dönüp baktım ve genç bir adamla karşılaştım. Üzerinde ismim yazılı rozetime baktı ve bağırdı: "Louise Hay! Aman Tanrım!" Aniden isteriye kapıldı ve kendini kollarıma attı. Birbirimize sarılmışken, sadece hıçkıra hıçkıra ağlıyordu. Sonunda, nihayet kendini kontrol edebildiğinde, bana sevgilisinin bir kitabımı birçok kez okuduğunu ve gezegenden ayrılmak üzereyken, sevgilisinin kitabımdan bir tedaviyi okumasını istediğini söyledi. Sevgilisiyle birlikte o satırları yavaşça okumuşlardı. Sevgilisinin söylediği son sözler şunlar olmuştu: "Her şey yolunda." Ve ölmüştü.

Şimdi burada, karşısında duruyordum. Çok etkilenmişti. Kendini toparladığında "Peki, sormak istediğiniz nedir?" diye sordum. Anlaşılan, sevgilisinin yamasını zamanında bitirememişti ve sevgilisinin ismini de listeme eklememi istiyordu. Ama bunu isterken, yaklaştığı kişinin ben olduğumu bilmiyordu. Bu anı çok iyi hatırlıyorum, çünkü bana hayatın gerçekten basit olduğunu ve hayatta en önemli şeylerin bu basit şeyler olduğunu göstermişti.

Emmett Fox'un yazılarından bir alıntıyı sizinle paylaşmak istiyorum. Eğer tanımıyorsanız, Emmett Fox, 40'lı, 50'li yıllarda ve 60'ların başlarında çok ünlü bir öğretmendi. Çok güzel kitaplar yazmıştı ve şunlar, en sevdiğim sözleridir:

"Yeterince sevginin aşamayacağı hiçbir zorluk yoktur. Yeterince sevginin iyileştiremeyeceği hiçbir hastalık yoktur. Yeterince sevginin açamayacağı hiçbir kapı yoktur. Yeterince sevginin üzerinde köprü kuramayacağı hiçbir nehir yoktur. Yeterince sevginin yıkamayacağı hiçbir duvar yoktur. Yeterince sevginin bağışlatamayacağı hiçbir günah yoktur. Sorunun ne kadar derinden yerleşmiş olması fark etmez. Görünüşün ne kadar umutsuz olduğu önemli değildir. Hatanın ne kadar büyük olduğu fark etmez. Sevginin yeterince güçlü bir şekilde hissedilmesi, hepsini çözer. Yeterince sevebilirseniz, dünyadaki en mutlu ve en güçlü insan olursunuz."

Bu doğru. Kulağa harika geliyor ve hepsi doğru. Dünyadaki en mutlu ve en güçlü insan olabilmek için ne yapabilirsiniz? Bence içsel yolculuğunuz henüz başlıyor. İçimizdeki *gücü* daha yeni keşfetmeye başlıyoruz. Eğer büzülürsek onu asla bulamayacağız. Kendimizi ne kadar açarsak, o kadar çok *evrensel* enerjinin yardımımıza koştuğunu göreceğiz. Ulaşabileceğimiz inanılmaz başarılar var.

Birkaç kez nefes alıp verin. Göğsünüzü ve kalbinizi açın. Egzersize devam ederseniz, er ya da geç engeller yıkılmaya başlayacaktır. Bugün, başlangıç noktanızdır.

Sizi seviyorum,

EK

KİŞİSEL VE GEZEGENSEL İYİLEŞME İÇİN MEDİTASYONLAR

Etrafınızda inanılmaz bir kargaşa olduğunda, odaklanmış olduğunuzu kabul edin. Cesur olduğunuz ve yapabileceğinizi sandığınızdan çok daha fazlasını yapabileceğiniz için kendinizi kutlayın.

Atölye çalışmalarımızın ve destek grubu toplantılarımızın sonlarında yaptığımız şifa çalışmaları çok güçlüdür. Genellikle üçlü gruplara ayrılır ve birbirimizin elini tutarız. Bu, enerji kabul etmek ve o ya da bu şekilde yardım istemeye isteksiz olan insanlarla enerji paylaşmak için harika bir yoldur. Genellikle güçlü deneyimler yaşanır.

Bu şifa halkalarımızda yaptığımız bazı meditasyonları paylaşmak istiyorum. Kendi başımıza veya grup halinde yapmaktansa, hepimiz sürekli olarak yaparsak harika olur.

İçinizdeki Çocuğa Dokunmak

İçinizdeki çocuğu olabilecek her şekilde görün ve görünüşünü, hissini algılayın. Çocuğu rahatlatın. Ondan özür dileyin. Onu yalnız bıraktığınız için ne kadar üzgün olduğunuzu söyleyin. Uzun süredir uzakta olduğunuzu ve şimdi açığı kapamak istediğinizi söyleyin. Bu küçük çocuğa, onu bir daha asla yalnız bırakmayacağınıza dair söz verin. İstediği zaman uzanıp size dokunabileceğini ve orada olacağınızı söyleyin. Eğer korkmuşsa ona sarılın; öfkeliyse, öfkesini ifade etmesinin normal olduğunu söyleyin. Ona, onu ne kadar sevdiğinizi söyleyin.

Sizin ve çocuğunuzun yaşamasını istediğiniz türden bir dünyayı yaratabilecek güce sahipsiniz. Zihninizin ve düşüncelerinizin gücüne sahipsiniz. Kendinizi, harika bir dünya yaratırken hayal edin. Çocuğunuzu rahat, güvenli, huzurlu, mutlu bir halde, gülerken ve arkadaşlarıyla oynarken hayal edin. Özgürce koştuğunu, bir çiçeğe dokunduğunu, bir ağaca sarıldığını, ağaçtan bir elma kopardığını ve keyifle yediğini hayal edin; bir köpek veya kedi yavrusuyla oynadığını, ağaçların yüksek dallarında sallandığını, neşeyle güldüğünü, size doğru koştuğunu ve sizi sevgiyle kucakladığını.

İkinizi güzel, güvenli bir yerde sağlıklı ve mutlu bir şekilde yaşarken görün. Ebeveynlerinizle, arkadaşlarınızla ve meslektaşlarınızla harika ilişkiler kurduğunuzu görün. Gittiğiniz her yerde mutlulukla karşılandığınızı, herkesten özel türde bir sevgi aldığınızı, yaşamak istediğiniz yerde yaşadığınızı ve çalışmak istediğiniz yerde çalıştığınızı hayal edin. Kendinizi sağlıklı, çok sağlıklı hayal edin; mutlu ve özgür. Çünkü öylesiniz.

Sağlıklı Bir Dünya

Dünyayı yaşanacak harika bir yer olarak hayal edin. Bütün hastaların iyileştiğini, bütün evsizlerle ilgilenildiğini, rahat-sızlıkların geçmişte kaldığını ve bütün hastanelerin konutlara dönüştürüldüğünü görün. Hapishane mahkumlarına kendilerini nasıl seveceklerinin öğretildiğini ve sorumluluk sahibi vatandaşlar olarak salıverildiklerini hayal edin. Kiliselerin öğretilerinden günah ve suçluluk duygusunu çıkardıklarını, devletlerin halklarıyla gerçekten ilgilendiğini hayal edin.

Dışarı çıkıp yağan temiz yağmuru hissedin. Yağmur durduğunda, hayalinizde güzel bir gökkuşağı belirsin. Güneşin parladığını, havanın temiz ve berrak olduğunu görün. Kokusunu hissedin. Nehirlerimizde, göllerimizde suyun parıldayarak aktığını görün. Yemyeşil bitkileri fark edin. Ağaçlarla dolu ormanları, çiçekleri, meyveleri, sebzeleri hayal edin. İnsanların rahat-sızlıklardan arındığını, hastalığın bir anı haline geldiğini zihninizde canlandırın.

Başka ülkelere gidin ve oradaki insanlarla barış içinde birleşin. Silahların bırakıldığını ve tüm halklar arasında barış ve uyumun hüküm sürdüğünü görün. Yargıların, eleştirilerin ve önyargıların geçmişe gömüldüğünü hayal edin. Sınırların çöktüğünü, ayrılığın ortadan kalktığını, herkesin birleştiğini, Tabiat Ana'nın iyileşip bir bütün haline geldiğini hayal edin.

Sadece yeni bir dünya hayal etmek için zihninizi kullanarak, bu yeni dünyayı şu anda siz yaratıyorsunuz. Siz güçlüsünüz. Siz önemlisiniz. Hayalinizi yaşayın. Dışarı çıkın ve bu vizyondan çıkarabileceğiniz her şeyi çıkarın. Tanrı hepimizi korusun. Çünkü koruyor.

İyileştirici Işığınız

Kalbinizin merkezine bakın ve parlak renkli o minik ışığı bulun. Çok güzel bir rengi vardır. Sevginizin ve iyileştirici enerjinizin özü odur. Minik ışık zerresinin titreşmesini ve titreşirken, kalbinizi doldurana kadar büyümesini izleyin. Bu ışığın başınızın tepesinden ayak ve el parmaklarınızın ucuna kadar aktığını hayal edin. Bu güzel renkli ışıkla parlayın. Bu sizin sevginiz ve iyileştirici enerjinizdir. Bütün vücudunuz bu ışıkla titreşsin. Kendinize şöyle diyebilirsiniz: *"Aldığım her nefesle, giderek daha sağlıklı oluyorum."*

Bu ışığın vücudunuzu rahat-sızlıklardan arındırdığını ve normal sağlığınızın size geri döndüğünü hayal edin. Bu ışık her yönden yayılmaya, etrafınızdaki insanlara dokunmaya başlasın. İyileştirici enerjinizin ihtiyaç duyduğunu bildiğiniz herkese dokunmasına izin verin. Sevginizi, ışığınızı ve iyileştirici enerjinizi iyileşmeye ihtiyacı olanlarla paylaşmak ne ayrıcalıktır. Işığınız hastanelere, bakımevlerine, yetimhanelere, hapishanelere, akıl hastanelerine ve diğer yardım kurumlarına ulaşsın. Umut, aydınlık ve huzur getirsin.

Yaşadığınız şehirde acı ve kederin bulunduğu tüm evlere girsin. Sevginiz, ışığınız ve iyileştirici enerjiniz, ihtiyacı olanları rahatlatsın. Kiliselere girsin, oradakilerin yüreklerini yumuşatsın ve koşulsuz sevgiyi hissetmelerini sağlasın. Kalbinizden gelen güzel ışık başkente ve devlet binalarına uzanarak, aydınlanma ve gerçek mesajı ulaştırsın. Gezegende iyileşmesine yardımcı olmak istediğiniz bir yer seçin. Işığınızı oraya odaklayın. Çok uzağınızda veya oturduğunuz sokağın köşesinde olabilir. Sevginizi, ışığınızı, iyileştirici enerjinizi bu yere odaklayın ve dengeye kavuştuğunu hayal edin. Burayı bir bütün olarak görün. Gezegenin bu noktasına sevginizi, ışığınızı ve iyileştirici enerjinizi göndermek için her gün belli bir sürenizi ayırın. Biz halkız. Biz çocuklarız. Biz dünyayız. Biz geleceğiz. Verdiğimiz şey, katlanarak geri döner. Çünkü öyledir.

Zenginliğe Kavuşmak

Kendimiz için bazı olumlu özellikler hayal edelim. Harika yeni fikirleri almaya açığız. Zenginliğin, daha önce hiç olmadığı bir seviyede hayatlarımıza girmesine izin verebiliriz. En iyisini hak ediyoruz. En iyisini kabullenmeye istekliyiz. Gelirimiz sürekli artıyor. Yoksullaştırıcı düşünceden uzaklaştırarak, zenginleştirici düşüncelere dalıyoruz. Kendimizi seviyoruz. Kimliğimizden keyif alıyoruz ve hayatın yanımızda olduğunu, ihtiyacımız olan her şeyi sağlayacağını biliyoruz. Başarıdan başarıya, mutluluktan mutluluğa, bolluktan bolluğa koşuyoruz. Bizi yaratan *güç* ile biriz. Kendimiz için büyüklüğü ifade ediyoruz. Hayatın ilahi, muhteşem ifadeleriyiz ve tüm iyiliği almaya hazırız. Çünkü öyleyiz.

Hoş Geldin Çocuk

Elinizi kalbinizin üzerine koyun ve gözlerinizi kapayın. Sadece içinizdeki çocuğu görmek yerine, o çocuk olun. Bu dünyaya ve hayatlarına gelişinizi kutlarken ebeveynlerinizin yerine geçerek, içsel sesinizin sizinle konuşmasına izin verin. Şunları söylediklerini duyun:

Geldiğin için çok mutluyuz. Seni bekliyorduk. Ailemizin bir parçası olmanı çok istiyoruz. Bizim için çok önemlisin. Küçük bir oğlan (veya kız) olduğun için çok mutluyuz. Eşsizliğini ve özelliklerini seviyoruz. Sen olmasan, ailemiz aynı olmazdı. Seni seviyoruz. Seni kucaklamak istiyoruz. Seni olabileceğin kişi olarak yetiştirmek istiyoruz. Bizim gibi olmak zorunda değilsin. Kendin olabilirsin. Sen çok güzelsin. Çok parlaksın. Çok yara-

tıcısın. Burada olman bizi çok sevindiriyor. Seni dünyadaki her şeyden daha çok seviyoruz. Ailemizi seçtiğin için sana teşekkür ederiz. Kutsandığını biliyoruz. Sen de gelerek bizi kutsadın. Seni seviyoruz. Seni gerçekten çok seviyoruz.

İçinizdeki küçük çocuk bu sözleri doğru kılsın. Her gün kendinize sarılabildiğinizi ve bu sözleri söyleyebildiğinizi fark edin. Aynaya bakın ve bu sözleri söyleyin. Bir arkadaşınıza da bu sözleri söyletebilirsiniz.

Kendinize, ebeveynlerinizin söylemesini istediğiniz her şeyi söyleyin. İçinizdeki küçük çocuğun istendiğini ve sevildiğini hissetmeye ihtiyacı vardır. Bunu o çocuğa verin. Kaç yaşında, ne kadar hasta, ne kadar korkmuş olursanız olun, küçük çocuğunuz istendiğini ve sevildiğini hissetmelidir. Çocuğa şunu söylemeye devam edin: "Seni istiyorum ve seni seviyorum." Bu doğrudur. Evren sizi burada istiyor ve burada olmanızın nedeni bu. Sonsuzluk tarafından daima sevildiniz ve daima sevileceksiniz. Sonsuza dek mutlu yaşayabilirsiniz. Çünkü öyledir.

Sevgi İyileştiricidir

Sevgi, var olan en güçlü iyileştirici güçtür. Kendimi sevgiye açıyorum. Sevmeye ve sevilmeye hazırım. Zenginleştiğimi görüyorum. Geliştiğimi görüyorum. Kendimi sağlıklı görüyorum. Tatmin olduğumu görüyorum. Huzurlu ve güvenli bir şekilde yaşıyorum.

Tanıdığınız herkese rahatlatıcı, kabullenici, destekleyici düşünceler ve sevgi gönderin. Bu düşünceleri gönderirken, aynı zamanda aldığınızı fark edin.

Hayatta olsunlar ya da olmasınlar, ailenizi sevgiyle sardığınızı hayal edin. Arkadaşlarınızı, işyerinizdeki insanları ve geçmişinizdeki herkesi, bağışlamak istediğiniz ama nedenini bilmediğiniz tüm insanları bu sevgi çemberine katın.

Aids ve kanser hastalığı olan herkese, sevgililere ve dostlara, hastane çalışanlarına, doktorlara, hemşirelere, alternatif terapistlere ve hastabakıcılara sevgi gönderin. Kanser ve aids hastalıklarının ortadan kalktığını hayal edin. Zihin gözünüzde, şu gazete başlığını görün: "Kansere tedavi bulundu. Aids tedavisi bulundu."

Kendinizi bu sevgi çemberine katın. Kendinizi bağışlayın. Ebeveynlerinizle harika ve uyumlu ilişkileriniz olduğunu, iki tarafta da karşılıklı saygı ve sevgi sürdüğünü hayal edin.

Sevgi çemberiniz bütün gezegeni sarsın ve içinizdeki koşulsuz sevgiyi bulabilmek için kalbinizi açın. Herkesin saygın, huzurlu ve mutlu bir şekilde yaşadığını hayal edin.

Siz sevgiye layıksınız. Siz güzelsiniz. Siz güçlüsünüz. Kendinizi tüm iyiliğe açın. Çünkü öylesiniz.

Kendimiz Olmakta Özgürüz

Bütün olmak için, hepimiz kendimizi kabullenmeliyiz. Kalbinizi açın ve bütün benliğiniz için yeterince yer yaratın; gurur duyduğunuz ve utandığınız, reddettiğiniz ve sevdiğiniz her yönünüz için. Hepsi sizsiniz. Siz güzelsiniz. Hepimiz öyleyiz. Kalbiniz kendinize karşı sevgiyle dolduğunda, başkalarıyla da paylaşacak çok fazla sevginiz olur.

Bu sevginin odanızı doldurmasına ve tanıdığınız tüm insanlara yayılmasına izin verin. Dolmuş kalbinizden akan sevgiyi alabilmeleri için, tanıdığınız insanları da bu odanın ortasına koyun. Sizin çocuğunuzdan onlarınkine aksın. Şimdi bütün o insanların içindeki çocukların çocuk dansı yaptığını, bağırıp sıçradığını, taklalar ve parendeler attığını hayal edin. İçinizdeki çocuk kendini en iyi şekilde ifade etsin.

Çocuğunuz diğer çocuklarla birlikte şarkı söyleyip dans etsin. Onlarla oynasın. Kendini güvende ve özgür hissetsin. Hep olmak istediği şey olmasına izin verin. Siz de mükemmel, bütün ve tamsınız; harika dünyanızda her şey yolunda. Çünkü öyledir.

İyileştirici Enerjiyi Paylaşmak

Ellerinizi sallayın ve birbirine sürtün. Sonra ellerinizdeki enerjiyi, önünüzdeki güzel varlıkla paylaşın. İyileştirici enerjiyi başka bir insanla paylaşmak büyük bir onur ve ayrıcalıktır. Yapması çok basit bir şeydir.

Arkadaşlarınızla birlikteyken, iyileştirici enerjiyi paylaşabilirsiniz. Basit ama anlamlı şekillerle, birbirimize vermeye ve birbirimizden almaya ihtiyacımız vardır. Dokunuş, *umursuyorum* der. Hiçbir şeyi tedavi edemeyebiliriz ama umursarız. *Senin için buradayım ve seni seviyorum.* Birlikte cevapları bulabiliriz.

Bütün rahat-sızlıklar sona erer. Bütün krizler sone erer. İyileştirici enerjileri hissedin. O enerji, o zeka, o bilgi içimizde uyansın. İyileşmeyi hak ediyoruz. Bütün olmayı hak ediyoruz. Kim olduğumuzu bilmeyi ve kendimizi sevmeyi hak ediyoruz. İlahi sevgi tüm insan ihtiyaçlarını daima karşılamıştır ve daima da karşılayacaktır. Çünkü öyledir.

Bir Sevgi Çemberi

Kendinizi çok güvenli bir yerde dururken hayal edin. Yüklerinizi, acılarınızı ve korkularınızı atın. Eski olumsuz bağımlılıklardan ve kalıplardan kurtulun. Onların sizden uzaklaştığını görün. Sonra kendinizi kollarınız açık halde güvenli bir yerde dururken ve şunu söylerken görün: "... almaya hazır ve açığım." Kendiniz için istediğiniz şeyi belirtin. İstemediğiniz şeyi değil, istediğiniz şeyi. Bunun mümkün olduğunu bilin. Kendinizi bütün ve sağlıklı bir şekilde görün. Huzurlu. Kendinizi sevgiyle dolu bir halde hayal edin.

Hayatımızı değiştirmek için ihtiyacımız olan tek şey, bir fikirdir. Bu gezegende bir nefret çemberinde veya bir sevgi ve şifa çemberinde olabiliriz. Ben sevgi çemberinde olmayı seçiyorum. Herkesin benimle aynı şeyleri istediğini anlıyorum. Kendimizi tatmin edici yöntemlerle yaratıcı bir şekilde ifade etmek istiyoruz. Huzurlu ve güvende olmak istiyoruz.

Bu yerde dünyadaki başka insanlarla bağlantı kurduğunuzu hissedin. Sevginizin kalpten kalbe akmasına izin verin. Sevginiz akarken, katlanarak size geri döneceğini bilin. *"Herkese rahatlatıcı düşünceler gönderiyorum ve bu düşüncelerin bana döneceğini biliyorum."* Dünyayı, inanılmaz bir ışık çemberi olarak görün. Çünkü öyledir.

Sevgiyi Hak Ediyorsunuz

Her şeye inanmamız gerekmez. İhtiyacınızın yüzeye çıkacağı mükemmel zaman-uzay dengesinde, her birimiz kendimizi sevme becerisine sahibizdir. Her birimiz sevilmeyi hak ederiz. İyi yaşamayı, mutlu olmayı, sevilmeyi ve sevmeyi, zenginleşmeyi hak ederiz ve küçük çocuk da harika bir yaşam sürmek üzere büyüyebilir.

Kendinizi sevgiyle sarılmış halde hayal edin. Kendinizi mutlu, sağlıklı ve bütün olarak görün. Hayatınızı olmasını istediğiniz şekilde canlandırın. Bütün detayları koyun. Bunu hak ettiğinizi bilin. Sonra sevginizi kalbinizden alın ve akıtmaya başlayın; vücudunuzu iyileştirici enerjilerle doldurmasına izin verin.

Sevginiz odanızın ve evinizin etrafında dolaşmaya başlasın ve sonunda tüm çevrenizi muazzam bir sevgi çemberiyle sarsın. Sevginin sizden dışarı aktığını ve geri döndüğünü hissedin. En güçlü iyileştirici enerji sevgidir. Tekrar tekrar içinizde ve dışınızda devinmesine izin verin. Bütün vücudunuzu yıkasın. Siz sevgisiniz. Çünkü öylesiniz.

Yeni Bir Onyıl

Muhteşem bir iyileşme dönemine yeni bir kapının açıldığını görün. Geçmişte anlamadığımız bir şifa geliyor. Kendi içimizdeki inanılmaz becerileri öğrenme sürecindeyiz. Kendi içimizde cevapların bulunduğu, bizi en yüce iyiliğe doğru yönlendirecek olan kısımlarla bağlantı kurmayı öğreniyoruz.

Bu yeni kapının açıldığını, çok çeşitli biçimlerde şifa bulmak üzere bu kapıdan geçtiğimizi hayal edelim. Şifa, farklı insanlar için farklı anlamlara gelir. Birçoğumuzun bedeni iyileşmeye ihtiyaç duyuyor. Bazılarımızın zihinlerinin, bazılarımızın kalplerinin iyileşmesi gerekiyor. Hepimizin bireysel olarak ihtiyaç duyduğumuz şifaya açık olduğumuzu hayal edin. Kişisel gelişim kapısını ardına kadar açıyor ve güvende olduğumuzu bilerek bu kapıdan geçiyoruz. Bu sadece değişim. Çünkü öyledir.

Ben Olan Ruh

Dünyayı kurtarabilecek olanlar sadece biziz. Ortak bir amaç için birleşirken, cevapları da bulacağız. Bedenlerimizden, kişiliklerimizden, rahat-sızlıklarımızdan ve geçmişimizden daha büyük olan bir parçamız olduğunu daima hatırlamalıyız. İlişkilerimizden çok daha fazlası olan bir parçamız var. Merkezi noktamız saf ruhtur. Sonsuz. Daima olmuş ve daima olacak olan.

Kendimizi sevmek için buradayız; birbirimizi sevmek için. Bunu yaparak, kendimizi ve gezegenimizi iyileştirmek için gereken cevapları bulacağız. Sıra dışı zamanlardan geçiyoruz. Her şey değişiyor. Sorunları derinlemesine bilmiyor olabiliriz. Ama elimizden geldiğince yüzüyoruz. Bu da geçecek ve çözümleri bulacağız.

Bizler ruhuz. Özgürüz. Ruhsal seviyede birleşiyor, o seviyenin bizden asla alınamayacağını biliyoruz. Ruh seviyesinde asla yalnız değiliz. Bizler özgürüz. Çünkü öyleyiz.

Güvenli Bir Dünya

İki tarafınızda tutacak birer el olmasını isteyebilirsiniz. Birçok şeye dokunduk ve her birimizin tutunacak bir şeyleri var. Olumsuz ve olumlu şeylerden söz ettik. Korkularımızdan ve hayal kırıklıklarımızdan, birine gidip sadece "Merhaba" demenin ne kadar ürkütücü olduğundan dem vurduk. Birçoğumuz hâlâ kendimizle ilgileneceğimize güvenemiyoruz. Kendimizi kaybolmuş ve yalnız hissediyoruz.

Ama kendimiz üzerinde çalışabilir, yaşamlarımızın değiştiğini fark edebiliriz. Geçmişteki birçok sorun artık sorun değil. Bir gecede değişmeyecek ama ısrarcı ve kararlı olursak, olumlu şeyler olacak.

Sahip olduğumuz enerjiyi ve sevgiyi, iki yanımızdaki insanlarla paylaşalım. Kalbimizden verirken, aynı zamanda başka kalplerden de aldığımızı bilelim. Odanın içindeki herkesi sevgiyle, destekle ve ilgiyle kabullenebilmek için kalplerimizi açalım. O sevgiyi, evleri ve gidecek yerleri olmayan insanlarla paylaşalım. Sevgimizi, gidecek yeri olmayanlarla, korku veya acı içinde yaşayanlarla paylaşalım. Herkesle. Reddetme eğiliminde olanlarla. Gezegeni terk etmek üzere olanlarla ve çoktan terk etmiş olanlarla.

Kabul etsinler ya da etmesinler, sevgimizi herkesle paylaşalım. Sevgimiz reddedilirse incinmeyiz. Bütün gezegeni, hayvanları, balıkları, kuşları, bitkileri ve tüm insanları kalbimizde tutalım. Öfkelendiğimiz veya tahammül edemediğimiz tüm insanları. İşleri bizim tarzımızla yapmayanları ve sözde kötü insanları. Onları da kalplerimize kabul edelim. Böylece güvenliği hissedebiliriz ve onlar da gerçekte kim olduklarını anlamaya başlayabilirler.

Barışın bütün gezegene yayıldığını hayal edin. Şu anda barışa katkıda bulunduğunuzu bilin. Bir şeyler yapma becerisine sahip olduğunuza inanın. Siz güzel birisiniz. Ne kadar harika olduğunuzu kabul edin. Bunun doğru olduğunu bilin. Çünkü öylesiniz.

Kendimizi Tüm Yönlerimizle Sevmek

Beş yaşınıza dönmenizi ve kendinizi olabildiğince net bir şekilde görmenizi istiyorum. O küçük çocuğa bakın ve kollarınızı iki yana açarak ona şöyle deyin: *"Ben senin geleceğinim ve seni sevmeye geldim."* Çocuğu kucaklayın ve onu şimdiki zamana taşıyın. Şimdi, birbirinize sevgiyle bakabilmek için bir aynanın karşısında durun.

Kayıp olan bazı parçalarınız olduğunu göreceksiniz. Şimdi, bir kez daha, doğduğunuz ana dönün. Islaksınız ve vücudunuzda soğuk havayı hissediyorsunuz. Az önce zorlu bir yolculuktan geldiniz. Işıklar parlaktı ve göbek bağınız henüz kesilmemişti. Korkuyordunuz. Ama bu gezegende bir hayata başlamaya hazırdınız. O küçük bebeği sevin.

Yürümeyi yeni öğrendiğiniz zamana geçin. Ayağa kalkın, düşün, ayağa kalkın, düşün. Aniden ilk adımınızı atın, sonra ikincisini ve üçüncüsünü. Kendinizle ne de gurur duymuştunuz. O küçük çocuğu sevin.

Okuldaki ilk gününüze geçin. Annenizden ayrılmak istememiştiniz. Hayatınızın yeni bir döneminin eşiğinden geçecek kadar cesurdunuz. Bütün duruma uyum sağlayabilmek için elinizden geleni yaptınız. O küçük çocuğu sevin.

Şimdi on yaşındasınız. Neler olduğunu hatırlıyorsunuz. Harika veya korku verici olabilir. Hayatta kalmak için elinizden geleni yapıyordunuz. O on yaşındaki çocuğu sevin.

Ergenlik çağına girdiğiniz zamana ilerleyin. Heyecan verici olabilir, çünkü nihayet büyüyordunuz. Korkutucu da olabilir, çünkü doğru görünmek ve doğru davranmak konusunda çok fazla yaşıt baskısı vardı. Elinizden geldiğince başa çıkmaya çalıştınız. O ergeni sevin.

Şimdi liseye gidiyorsunuz. Ebeveynlerinizden daha fazla şey biliyordunuz. İstediğiniz gibi bir hayata başlamaya hazırdınız. Aynı zamanda hem cesurdunuz hem de korkuyordunuz. O genç yetişkini sevin.

Şimdi işyerindeki ilk gününüzü hatırlayın. Para kazandığınız ve bundan gurur duyduğunuz ilk günü hatırlayın. Başarılı olmak istiyordunuz. Öğrenmeniz gereken çok şey vardı. Elinizden geleni yaptınız. O kişiyi sevin.

Hayatınızdaki başka bir kilometre taşını düşünün. Bir evlilik. Kendi çocuğunuz. Yeni bir ev. Korku verici veya harika bir deneyim olabilir. Ama bir şekilde başardınız. Elinizden geldiğince ayakta kaldınız. O kişiyi sevin.

Şimdi bütün bu parçalarınızı bir araya getirin ve aynanın karşısında durarak hepsine sevgiyle bakın. Size doğru yaklaşan başka bir parçanız daha var. Geleceğiniz karşınızda duruyor ve şöyle diyor: "Seni sevmek için buradayım!" Çünkü öyle.

Gücünüzü Hissedin

Gücünüzü hissedin. Nefesinizin gücünü hissedin. Sesinizin gücünü hissedin. Sevginizin gücünü hissedin. Bağışlayıcılığınızın gücünü hissedin. Değişme isteğinizin gücünü hissedin. Gücünüzü hissedin. Siz güzelsiniz. Siz ilahi, muhteşem bir varlıksınız. Sadece biraz değil, tüm güzelliği ve iyiliği hak ediyorsunuz. Gücünüzü hissedin. Kendinizle barışık olun, çünkü güvendesiniz. Bu yeni günü açık kollarınızla ve sevgiyle karşılayın. Çünkü öyle.

Işık Göründü

Partnerinizle karşılıklı oturun ve el ele tutuşun. Birbirinizin gözlerinin içine bakın. Derin bir nefes alın ve içinizdeki tüm korkuyu dışarı atın. Derin bir nefes daha alın ve yargılarınızı dışarı atarak bu kişiyle birlikte olun. Onda gördüğünüz şey sizin yansımanız, onun sizde gördüğü de kendi yansımasıdır.

Hepimiz biriz. Aynı havayı soluyoruz. Aynı suyu içiyoruz. Aynı topraktan aynı yiyecekleri yiyoruz. Aynı arzulara ve ihtiyaçlara sahibiz. Hepimiz sağlıklı olmak istiyoruz. Hepimiz sevmek ve sevilmek istiyoruz. Hepimiz rahat ve huzurlu olmak, zenginleşmek ve gelişmek istiyoruz. Hepimiz hayatlarımızda tatmini yakalamak istiyoruz.

Bu kişiye sevgiyle bakın ve sevgiyi geri vermeye istekli olun. Güvende olduğunuzu bilin. Partnerinize bakarken, mükemmel sağlığı onaylayın. Onlarla sevgi dolu bir ilişkiniz olduğunu, nerede olursanız sevgi dolu insanlarla sarıldığınızı onaylayın. Rahatça yaşamaları için zengin olmalarını dileyin. Rahat ve güvende olmalarını dileyin; verdiğiniz şeyin katlanarak size geri döneceğini bilin. Her şeyin en iyisini başkaları için dilerken, bunu hak ettiklerini bilin ve kabul etmeye hazır olduklarını görün. Çünkü öyledir.